August Gremli

Beiträge zur Flora der Schweiz

Ein Nachtrag zur Excursions-Flora enthaltend: Vorarbeiten zu einer Monographie der schweizerischen Brombeeren und Zusätze und Berichtigungen zur Excursions-Flora

August Gremli

Beiträge zur Flora der Schweiz

Ein Nachtrag zur Excursions-Flora enthaltend: Vorarbeiten zu einer Monographie der schweizerischen Brombeeren und Zusätze und Berichtigungen zur Excursions-Flora

ISBN/EAN: 9783743426887

Hergestellt in Europa, USA, Kanada, Australien, Japan

Cover: Foto ©berggeist007 / pixelio.de

Manufactured and distributed by brebook publishing software (www.brebook.com)

August Gremli

Beiträge zur Flora der Schweiz

BEITRÄGE
ZUR
FLORA DER SCHWEIZ.

Von

AUGUST GREMLI.

Ein Nachtrag zur Excursions-Flora desselben Verfassers.

Enthaltend:

Vorarbeiten zu einer Monographie der schweizerischen Brombeeren und Zusätze und Berichtigungen zur Excursions-Flora.

Aarau.
Druck und Verlag von J. J. Christen.
1870.

Vorwort.

Das vorliegende Büchlein bildet eine nothwendige Ergänzung zu meiner vor 3 Jahren erschienenen „**Excursionsflora für die Schweiz.**" Ich habe auch hier auf eine sorgfältige Auswahl Bedacht genommen. Es schien mir besser Manches wegzulassen, als einen Berg von unnützen Namen anzuhäufen. Insbesondere bin ich in der Aufnahme der sogenannten neuen Arten sehr vorsichtig verfahren. Allen Ansprüchen zu genügen ist da selbstverständlich unmöglich, auch seiner eigenen Ueberzeugung zu folgen nicht immer thunlich. Aus einigen wenigen getrockneten Exemplaren lässt sich der Werth einer Form nicht immer beurtheilen und Gelegenheit, jede Art an ihrem Standorte zu beobachten hat eben Niemand. Wollte man aber dennoch alle neu unterschiedenen Arten ohne weitere Prüfung aufnehmen, so müsste ein solches Buch nothwendigerweise Unfertiges, ja thatsächlich Unrichtiges in Menge enthalten. Es würde damit den Leser nur verwirren. Und so habe ich denn auch in Nachfolgendem alles Zweifelhafte ausgeschieden und so viel wie möglich nur aufgenommen, was ich selbst untersuchen konnte.

Gerne benütze ich diesen Anlass, um noch einmal allen denen, die mich bei Ausarbeitung meiner Werke unterstützt haben, meinen herzlichsten Dank auszusprechen. Ich nenne hier namentlich die Herren *Dr. S. Alioth* in Arlesheim, *Dr. H. Christ* in Basel, *Chr. Christener*, Direktor des Realgymnasiums in Bern, *Louis Favrat*, maître de la langue franc. à l'Ecole moyenne à Lausanne, *Dr. L. Fischer*, Prof. der Botanik an der Universität in Bern, *Dr. W. O. Focke* in Bremen, *Dr. Fr. Lagger* in Freiburg, Pfarrer *Münch* in Basel, *Dr. J. Muret* in Lausanne, *J. Rhiner*, Sprachlehrer in Schwyz, *Fred. Townsend* aus England und *G. K. Zollikofer*, Pfarrer in Marbach.

Ich schliesse mit der Bitte um Nachträge und Berichtigungen, da sich vielleicht bald Gelegenheit bietet, solche zu publiciren. Auch zuverlässige neue Fundorte seltener und kritischer Arten sind mir stets willkommen.

Unterhallau, Lichtmess 1870.

Der Verf.

I. Vorarbeiten zu einer Monographie der schweiz. Brombeeren.

Litr. W. O. Focke, Beiträge z. Kenntn. d. deutsch. Bromb. Bremen 1868.
Abkürz. Stieldr. — Stieldrüsen; Stachl. — Stacheln; E. — Wald zw. Unterhallau u. Eberfingen; W. — Wald zw. Wilchingen u. Neunkirch (C. Schaffh.)

Seit dem Erscheinen der Excfl. hat man in dieser Gatt. sehr bedeutende Fortschritte gemacht. Neuere Untersuchungen haben unzweifelhaft dargethan, dass die Hybriden hier eine grosse Rolle spielen; sie sind nicht nur sehr zahlreich und häufig, sondern erscheinen auch in einer unglaublichen Mannigfaltigkeit. Aber noch mehr, es ist durch Culturversuche bewiesen worden, dass verschiedene dieser Bastarde sich durch Samen constant fortpflanzen.*) Man hat daraus schliessen wollen, dass ein grosser Theil od. gar die meisten unsrer Brombeersträucher ursprünglich hybriden Ursprungs, aber im Laufe der Zeit stabil geworden sind, d. h. neue Arten gebildet haben. Ohne zu bestreiten, dass mehrere dieser Hybriden eine gewisse Häufigkeit erlangt haben u. auch ziemlich constant geblieben sind (z. B. eben R. suberectus), so ist doch nicht anzunehmen, dass die Bildung neuer Arten (od. constanter Raçen, wenn man so lieber hört!) aus Bastarden in so vielen Fällen od. gar fast allgemein stattgefunden.

Jeder, der sich mit Hybriden beschäftigt hat, weiss, dass dieselben im Ganzen selten vorkommen, und in den allermeisten Fällen

---

*) So R. suberectus, der wie ich weiter unten nachweisen werde, ein Bastard von fruticosus u. Idaeus ist; auch aus Fr. von R. tomentosus-vestitus hat Hr. Dr Focke Keimpflz. gezogen.

steril sind, desswegen auch in der Regel nur sporadisch auftreten. Durch die von Gärtner u. A. vorgenommenen künstlichen Befruchtungen etc., ist unumstösslich bewiesen worden, dass weitaus die Mehrzahl der Bastarde bezüglich ihrer Fruchtbarkeit geschwächt od. absolut steril sind, u. dass auch diejenigen, welche keimfähige S. entwickeln, bei fortgesetzter Aussaat endlich wieder an Fruchtbarkeit abnehmen. Es haben mich nun eine Menge von Beobachtungen gelehrt, dass auch hier die meisten Bastarde in der Fruchtbarkeit geschwächt sind, d. h., dass sie keine od. nur wenige vollkommen ausgebildete Fr. entwickeln (gewöhnlich einige sehr grosse Beerchen neben vielen kleinern verkümmerten); dies beobachtete ich besonders an den überaus zahlreichen Hybriden von R. tomentosus u. R. caesius mit andern Arten; der Bastard R. tomentosus-caesius, den ich an sehr vielen Stellen fand, ist fast stets steril; ebenso verhalten sich die aus Kreuzung von tomentosus u. discolor, tomentosus u. argenteus etc. entstandenen Formen; auch die ganz besonders zahlreich vorkommenden Hybriden von caesius mit verschiedenen stieldrüsenlosen Arten (wie bifrons etc.), die aber zur Zeit noch schwierig auf die zweite Stammart zurückzuführen sind, kommen meist steril vor.

Man weiss nun aber, dass nur bei sorgfältiger Zucht und strenger Jsolirung die Hybriden unvermischt zu erhalten sind, indem die Bastardform den Pollen einer der Stammarten dem eigenen vorzieht, dadurch aber ein Rückschlag der Hybriden zu den Eltern stattfindet, d. h. der Bastard wieder nach und nach eingeht.*) In der freien Natur nun gestaltet sich aber die Sache für die Erhaltung der Bastarde noch schwieriger; einmal ist die weitere Einwirkung der Stammarten auf den neugebildeten Sprössling nicht aufgehoben, und dann ist es Thatsache, dass die Samen der hybriden Formen schwieriger keimen als die der reinen Arten (ich habe dies z. B. bei den Hieracien beobachtet: sie finden sich namentlich auf lockerem Boden, auf Torfwiesen etc.; an dicht mit Rasen bewachsenen Rainen, wo z. B. H. Pilosella u. Auricula oft

---

*) Nach Godron sind die Bastarde immer unfruchtbar, werden aber mit dem Pollen einer Stammart bestäubt fruchtbar, sind aber dann zum Rückschlagen geneigt.

genug heerdenweise nebeneinander wachsen, wird man wohl selten eine Hybride finden!) Im Walde nun haben die Bastarde zudem noch die Concurrenz nicht nur der Stammarten, sondern auch einer Unzahl von andern Pflanzen auszuhalten u. in diesem „Kampfe um das Dasein" dürfte wohl der Bastard in den meisten Fällen zu kurz kommen. Nun kann sich eine solche neugebildete Brombeerform allerdings durch die Sprossen (Schösslinge) vermehren und dies geschieht denn auch wie man bei unzweifelhaft hybriden Formen deutlich beobachten kann. Es ist überhaupt bekannt, dass viele Hybriden sich auf vegetativem Wege stärker vermehren als die betreffenden Eltern, aber dadurch werden die Fructificationsorgane schwerlich gekräftigt: beobachtet man doch selbst an guten Arten (bes. aus der Gruppe der Glandulosen), dass sie da, wo sie sich massenhaft durch das Einwurzeln der Schösslinge vermehrt haben, im Ganzen wenig Blüthenstände hervorbringen od. doch weniger vollkommen ausgebildete Früchte.

Unter den ungleichstachligen stieldrüsenführenden Arten (Glandulosen) sind bis jetzt keine Bastarde sicher bekannt. Es ist wohl denkbar, dass sich diese Hybriden anders verhalten als z. B. die von caesius und den gleichstachligen Arten. Hr. Focke beobachtete, dass bes. die Bastarde von caesius und den grossen mehr aufrechten Arten (also die zw. Arten verschiedenen Wachsthums!) *) sich besonders stark, stärker als die Eltern, vermehren. In seinem Versuchsgarten, schrieb mir Hr. F., breiten sich die Corylifolii so ungebührlich aus, dass sie stärker beschnitten werden müssen als die andern, ansonst sie kaum zu bewältigen wären. Man könnte nun denken, dass die Hybriden unter den Glandulosen, eben weil sie sich weniger auf vegetativem Wege vermehrten, um so eher vollkommen ausgebildete u. keimfähige Fr. ausbilden. Ich habe an Stellen, wo mehrere der gut bekannten Glandulosen in Menge neben- u. untereinander wachsen, oft u. mit

---

*) Bekanntlich wachsen die niedrigern mehr krautartigen Glandulosen gerne heerdenweise, eben weil sie sich stark durch das Einwurzeln der Schösslinge im Herbste vermehren, während die grössern der gleichstachligen stieldrüsenlosen Arten, namentlich die mit hochbogigem od. fast aufrechtem St. sparsamer, z. Th. wie z. B. candicans, gar nicht od. nur selten, mit der Spitze einbohren, desswegen auch nur in vereinzelten Stöcken wachsen.

Aufmerksamkeit nach etwa vereinzelt vorkommenden hybriden Formen gesucht, aber immer umsonst! Man ist fast gezwungen — da man doch keinen Grund weiss, wesshalb die Bastarde zw. diesen sparsamer sein sollten — anzunehmen, dass die Hybriden hier fruchtbar sind und in constante Raçen übergehen, resp. in solche übergegangen sind. Man findet in der That gerade unter den Glandulosen überaus viele Formen, die reichlich und vollkommen fructificiren und anscheinend constant sind, also sich wie echte Arten verhalten, aber nur auf ein sehr kleines Areal beschränkt sind. Jeder, der zwei oder mehrere verschiedene, selbst nicht sehr entfernt liegende, Gebiete auf Brombeeren untersucht hat, wird gefunden haben, dass es den Anschein hat, als ob in jeder Gegend wieder andere Formen vorkommen und nur einige wenige derselben gemeinschaftlich sind. Sind diese zahllosen Formen nun stabil gewordene Hybride? od. sind es blos ausgezeichnete Lokalformen einiger weniger Stammarten? od. endlich stellen sie eben so viele gute, aber zur Zeit noch verkannte Arten dar? Jedenfalls fehlen zur Nachweisung des hybriden Ursprungs zur Zeit alle Anhaltungspuncte, u. bleibt uns eben nichts anderes übrig als sie als gleichwerthige Formen zu betrachten.

Es lässt sich daher nach dem bis jetzt thatsächlich Festgestellten zu schliessen, wohl annehmen, dass die Hybriden sich in dieser Gattung nicht anders verhalten werden wie in andern; was hier auffällt, ist mehr die wahrhaft erschreckende Zahl derselben u. ihre ausserordentliche Vielförmigkeit, endlich das Vorkommen derselben an Stellen, wo zur Zeit die Eltern gar nicht mehr wachsen, was eben mit ihre Erkennung so sehr erschwert.

Eine gute Anzahl von Brombeerarten kann übrigens jetzt als festbegründet betrachtet werden. Durch deren Feststellung u. die gleichzeitige Entdeckung einer Reihe von unzweifelhaften Bastarden, hat man einen Halt gefunden, auf dem sich nun mit Erfolg fortbauen lässt. Es dürften nun in verhältnissmässig kurzer Zeit die wichtigsten und verbreitesten Arten an's Tageslicht gefördert werden, insofern die einzelnen Beobachter nur den rechten Weg einschlagen. Es ist einmal vor Allem nothwendig, dass die verschiedenen Botaniker ihr Material mit einander vergleichen u. sich in der Feststellung der Haupttypen verständigen. Dann ist aber auch ganz besonders nöthig, dass wir dem Studium der intermediären Formen alle Aufmerksamkeit schenken: denn diese sind es, welche die Grenzen zwischen den guten Arten verwischen. Hier hat man sich aber sehr zu hüten, dass man seiner Phantasie nicht allzu freien Spielraum lässt u. an die Stelle der Beobachtung Conjecturen setzt, denen es nicht schwer fallen dürfte, alle Rubusformen consequent von einigen Stammarten abzuleiten, wie z. B. zwei neuere Autoren, Krasan u. O. Kuntze, versucht haben. Man muss sich aber auch hüten, jede irgendwie unterscheidbare Form gleich für eine Species zu halten, wie Ph. J. Müller in Weissenburg, der bereits etwa 500 Arten beschrieben hat u. glaubt, dass es allein in Frankreich 2000 Brombeerarten gebe (S. Kuntze, Reform. deutsch. Bromb., S. 115).

Im Anschluss an die eingangs citirte Arbeit, deren Verfasser die Güte hatte, mich mit Rath u. That zu unterstützen, habe ich gesucht den Mittelweg einzuschlagen zwischen allzu grosser Zersplitterung der Arten u. naturwidrigem Zusammenziehen wohl unterschiedener constanter Formen. Ich habe mich redlich bemüht, aus dem Chaos von Formen die verbreiteteru u. ausgezeichnetern herauszufinden u. von den Hybriden zu säubern. Um die Confusion, die zur Zeit in dieser Gatt. herrscht, nicht zu vermehren, habe ich in nachfolgender Darstellung nur diejenigen Formen aufgenommen, die ich selbst an Ort u. Stelle u. zwar wiederholt u. sowohl in Blüthe u. Frucht, beobachten konnte. Ich habe allein in meiner Umgebung nahezu 150 verschiedene Formen gefunden, aber nach reiflicher Ueberlegung nur 27 Arten u. etwa ebenso viele Bastarde annehmen können; alles Uebrige wurde einstweilen bei Seite gelegt. Es mag sein, dass vielleicht ein paar der neu unterschiedenen Arten schon von Andern beschrieben sind. Mit den Müller'schen Beschreibungen ist, so wie sie bis jetzt vorliegen, nichts anzufangen! Kein Mensch kann darnach bestimmen! Der Autor scheint auch einzelne Arten, die durch Wirtgen, Chaboisseau, Fr. Schultz, Timbal-Lagrace etc. bekannt geworden sind, keine Originalexemplare zu vertheilen, sowie er sich auch nicht um die Arbeiten Anderer kümmert. Es dürfte daher wohl die Frage aufgeworfen werden, ob seine Nachfolger verpflichtet sind, auf diese leichtsinnig aufgestellten Namen irgendwie Rücksicht zu nehmen, falls der Verfasser dieselben nicht noch einmal anderweitig auf befriedigende Weise zu Ehren bringt? Jedenfalls ist durch diese beispiellose, wahrhaft ungeheuerliche Artenfabrikation, der Wissenschaft bis jetzt nur ein nutzloser Ballast zugeführt worden.

Der Anfänger (in dieser Gattung) muss vor Allem suchen, einen Ueberblick über die in seiner Gegend vorkommenden Formen zu gewinnen: er durchstreife daher sein Gebiet nach allen Richtungen, um am Ende des Jahres der verbreiteteren Formen sicher zu sein. Es kommt hier ganz besonders darauf an, dass es ihm gelingt, die echten unvermischten Formen von den Hybriden zu trennen, was bei einiger Aufmerksamkeit keineswegs so schwierig ist. Man kann als Regel annehmen, dass **eine Form, die an verschiedenen von einander entfernten Stellen sich constant zeigt u. gut fructificirt, eine echte Art bildet.** (Doch ist die Sterilität u. Fruchtbarkeit allein nur mit Vorsicht als Beweismittel für od. gegen Hybridität zu benutzen, da verschiedene Bastarde unter Umständen vollkommen fructificiren, andererseits aber unzweifelhaft gute Arten bisweilen nur spärlich Früchte ansetzen.) Durch die Ausscheidung der hybriden Formen werden die echten Arten dann um so schärfer hervortreten. Ist es auch nicht möglich, gleich jede Form zu bestimmen — aus dem einfachen Grunde, weil zur Zeit nur eine geringe Zahl von Arten gut u. kenntlich beschrieben ist*) — so wird es doch nicht schwer halten, die sorgfältig untersuchten Formen nach der unten angegebenen Eintheilung in die einzelnen Gruppen zu ordnen; dadurch aber kommen die nah verwandten Arten neben einander zu stehen u. sind dann leicht auf den Werth und die Constanz ihrer Merkmale zu prüfen u. festzustellen. So wird es nicht so schwer halten die 20—40 Arten, die etwa in einer Localflora vorkommen mögen, herauszufinden.

Auch die Hybriden werden sich nach meiner Eintheilung ziemlich leicht ordnen lassen. Ein Bastard kann selbstverständlich keine andern Eigenschaften besitzen als seine Eltern, und werden die

---

*) Von den 32 beschriebenen Arten kommen 29 in m. Umgebung vor; im Ganzen mögen in der Schweiz wohl 150 Arten wachsen.

beiden Stammarten gemeinschaftlichen Merkmale ziemlich unverändert auf die Hybriden übergehen. Ein Bastard mit filzigen Fruchtknoten kann also nicht von Arten mit kahlen Frkn. herstammen; ein Bastard, der griffelhohe Staubb. besitzt, nicht von Arten mit griffelüberragenden Staubb. abgeleitet werden etc. In den unterscheidenden Merkmalen halten die Bastarde in der Regel die Mitte zw. den Eltern; indess scheinen gewisse Eigenschaften mancher Arten constant u. unverändert auf die Hybriden überzugehen. So kann man zur Zeit wohl als ziemlich sicher annehmen, dass alle Rubi, welche auf der Blattoberfläche Sternhaare mit einfachen Haaren gemischt tragen, Bastarde von tomentosus mit andern Arten sind.*) Diejenigen Hybriden, welche subsessile Seitenblättchen (nebst Reif etc.) besitzen, müssen unbedenklich als von caesius abstammend gedacht werden. Die übrigbleibenden (d. i. diejenigen, welche weder Sternha., noch subsessile Seitenblättchen etc. führen) sind dann nach Vorkommen od. Fehlen der Stieldrüsen in die betreff. Gruppen zu stellen. Bastarde von stieldrüsenführenden Arten u. stieldrüsenlosen scheinen stets Stieldr. zu haben. Das Consortium bietet hier freilich wenig Vortheil. Einmal bewohnen so zu sagen fast alle Arten dieselbe Localität, so dass man bei uns nicht selten ein Dutzend u. mehr Arten auf kleinem Raume vergesellschaftet findet. Zudem vermehren sich die Brombeeren durch das Einwurzeln der Schösslinge, so dass eine einmal gebildete Form sich erhalten kann, während die eigentlichen Stammarten zu Grunde gehen können, sei es durch die Hand des Menschen od. dass sie von ihren eigenen Sprösslingen verdrängt werden. Endlich giebt es auch verschiedene Brombeerbastarde, welche keimfähige S. hervorbringen, wodurch wieder die Möglichkeit gegeben ist, dass durch Vögel die Fr. einer Bastardform verschleppt werden können. Doch darf man wohl als ziemlich sicher annehmen, dass die beiden Stammarten, denen die Hybride ihre Entstehung verdankt, wenigstens in derselben Gegend vorkommen, so dass man also eine muthmassliche Hybride nur auf solche Arten zu prüfen hat, die in der betreff. Umgebung vorkommen. Man muss sich auch hüten, eine Brombeerform nur desshalb für eine

---

*) Vergl. jedoch unten R. obtusangulus u. R. tumidus.

Hybride zu halten, weil sie zufällig in verschiedenen Merkmalen die Mitte hält zw. zwei andern, od. weil sie selten ist; es wird auch unter den Brombeeren seltene Arten geben. Hat man einmal eine der Stammarten gefunden, so lässt sich die andere meist unschwer aus den Merkmalen herleiten, wobei Habitus etc. noch brauchbare Anhaltspunkte bieten. Doch scheint es als ob bei den Bastardformen von caesius der zweite Factor nicht immer leicht zu finden sei. (Vergl. die Anmerk. zu caesius-bifrons.)

Hier ein Beispiel wie eine zweifelhafte Form auf ihren Ursprung zu prüfen ist.

R. argenteus-piletostachys ? ? Schössling niedrig-bogig, kantig, zerstreut büschelha. Stachl. kurz, breit, gerade. B. 5—3 zählig, bei erstern die untern Seitenbchen lateral; Bchen oberseits mit Striegelha., unterseits weissfilzig. Rispe verlängert, Aeste steif, mit etwas gekrümmten Stachl. Krb. blassrosa, breit. Staubb. ausgebreitet, genau so hoch als die Gr. Frkn. an der Spitze langzottig.

Wenn eine echte Art, könnte man unter den schon bekannten wegen den griffelhohen Staubb., den oberseits beha., z. Th. 3 zähligen B. nur an piletostachys denken, von dem jedoch die Pflz. entschieden abweicht; zudem spricht das vereinzelte Vorkommen für die Hybridität. Da weder Sternha., noch sitzende Seitenbchen, noch Stieldr. vorkommen, so können die Eltern nur unter den Arten der 6. Gruppe gesucht werden. Wenn argenteus, wie nach dem Vorkommen vermuthet werden kann, die eine Stammart ist, so wird die andere nicht lange zweifelhaft sein. Da nämlich argent. oberseits kahle, centrale Bchen u. griffelüberragende Staubb. besitzt, so muss die andere Art griffelhohe Staubb., oberseits beha. Bchen, von denen die seitl. lateral sind, besitzen, was einzig auf piletostachys passt. Indess lassen sich einige Eigenschaften nicht hinreichend durch diese Annahme erklären. Die Rispe des Bastards u. z. Th. auch die Form der Bchen erinnert an discolor: wäre dieser eine der Stammarten, so müsste die andere wiederum griffelhohe Staubb. u. laterale Seitenbchen *) besitzen; also wieder pile-

---

*) Ob wirklich auf das Kennzeichen der lateralen u. terminalen Seitenbchen ein grosses Gewicht gelegt werden darf, möchte ich aber doch noch bezweifeln. Der Bastard tomentosus-vestitus hat z. B. oft anscheinend centrale Bchen.

tostachys! Nimmt man wegen der ausgebreiteten griffelhohen Staubb. candicans als die eine Stammform an, so könnte als zweiter Factor wieder pilet. (od. macrophyllus?) gelten. — Man sieht, dass in vorliegendem Falle, wo keine der Stammarten einigermassen (ja im Grunde genommen nicht einmal die Hybridität!) sicher ist, verschiedene Vermuthungen sich geltend machen können. Vorsicht ist daher bei allen derartigen Schlussfolgerungen unbedingt nothwendig, wenn sie nicht zu Absurditäten führen sollen. Hauptsache ist u. bleibt daher immer genaues Durchsuchen einer ganzen Umgebung u. sorgfältiges Beobachten der verschiedenen Formen an ihren Standorten zu verschiedener Zeit, wiederholtes Vergleichen mit den ähnlichen Formen etc. Der Anfänger thut überhaupt gut, ganz vereinzelt vorkommende Formen, falls dieselben nicht besonders charakteristische u. auffallende Kennzeichen besitzen, einfach bei Seite zu legen, bis er mit den wichtigeren Arten vertrauter ist.

Zum leichtern Verständniss der Diagnosen etc., dienen nachfolgende Bemerkungen, die man sorgfältig an lebenden Pflz. studire!

Der ausdauernde Wrstock der Brombeeren, d. i. der schwarzfrüchtigen kritischen Arten, treibt im ersten Jahre einen astlosen Stengel (Schössling genannt), welcher nur Blätter hervorbringt. Im Herbst bohrt sich dieser sterile St. mit der Spitze im Boden ein, schlägt Wurzel*) u. vermehrt so die Pflz.; der untere stehen bleibende überwinternde u. verholzende Theil aber entwickelt im zweiten Jahre aus den Winkeln der Blätter**) nach oben kurze, beblätterte Seitenzweige, welche mit einem Bthstande abschliessen. Im Herbst (des 2. Jahres) stirbt dann auch dieser Bthstamm, nachdem er Fr. getragen, ab, während der Wrst. fort u. fort neue Schösslinge treibt, so dass man stets ein- u. zweijährige (blätter- u. bthtragende) Stämme findet. Beim Einlegen ist sowohl ein Bthzweig, wo möglich mit einem daran sitzenden Stück des zweijährigen Stammes***), als auch ein Stück des Schösslings, am

---
*) Die fast aufrechten Schösslinge von candicans, fruticosus etc., scheinen selten zu wurzeln.
**) Diese B. bleiben bei vielen, namentlich bei den niedrigen Glandulosen lange stehen; bei brachyandrus z. B. sind sie oft noch bei der Frreife vorhanden.
***) Ein Stück desselben sollte eigentlich nie fehlen, indem dadurch oft Verwechslungen vorgebeugt werden kann. Ist z. B. der zweijährige St. beha. od. hat er Stieldr., so kann man sicher annehmen, dass auch der sterile St. beha ist

zweckmässigsten aus der Mitte, mit wenigstens 2 B.; zu berücksichtigen. Beim Einsammeln beachte man die Richtung des Schösslings: es heisst derselbe **hochbogig**, wenn der untere Theil bis zu einer Höhe von etwa 4—6' aufrecht steht od. nur wenig geneigt ist u. erst (manchmal erst im Herbst) mit der Spitze übergebogen ist (z. B. R. fruticosus, candicans etc.); **niedrigbogig**, wenn er nahe über dem Boden od. nur wenige Fuss über demselben wagrecht hinstreicht (z. B. R. rudis, überhaupt fast alle stieldrüsenführenden Arten). Es ist jedoch zu bemerken, dass niedrigbogige Schösslinge in hohem, dichtem Gebüsch höher aufsteigen („klettern"); auch ist an Halden, Abhängen etc. die ursprüngliche Richtung nicht mehr gut zu erkennen. Bei mancher Art ist die Richtung erst später, zur Fruchtzeit, zu beachten, indem zur Zeit der Blüthe die sterilen St. noch nicht hinreichend ausgewachsen sind u. dann oft fast senkrecht in die Höhe steigen. — Die Schösslinge sind ferner **stielrund** od. **kantig** u. zwar **stumpfkantig** (Seitenflächen gewölbt) od. **spitzkantig**, die Seitenflächen eben (**flachseitig**) od. mehr od. weniger, bes. unter den Bstielen, gerinnt (**kantig-gefurcht**). In den Beschreibungen beziehen sich diese Angaben in der Regel auf den **mittlern Theil** des St.; die Schösslinge sind nämlich am untern Theil mehr rund, dagegen oberwärts, gegen die Spitze, mehr kantig; starkstenglige Exemplare von sonst rundstengligen Arten bekommen indess auch Spuren von Kanten. Die Schösslinge treiben bei versch. Arten auch Aeste, welche auch dann sich bilden, wenn der St. beschädigt wird.

Die Stacheln sind entweder **gleich**, d. i. je zw. 2 B. nahezu gleich gross u. dann bei kantigstengligen Arten meist auf den Kanten in etwa gleichen Abständen stehend — oder sie sind **ungleich**, von verschiedener Grösse u. dann die kleinsten stets nadelf., am Ende eine kopff. Drüse tragend (**Stieldrüsen**, Drüsenborsten). Das Vorkommen od. Fehlen dieser Stieldr. ist sehr wesentlich (ausg. bei den Formen der Gruppe 1 u. 2); dagegen sind die sogen. **subsessilen** (sitzenden) **Drüsen** zur Unterscheidung

---

od. Stieldr. führt (nicht aber umgekehrt, indem die St. im 2. Jahre die Haare häufig verlieren u. die Stieldr. abwerfen). Dann bleibt man in Gegenwart eines Stücks vom Stamm nie im Zweifel, ob man einen normalen seitlichen od. einen grundstgen Bthstand vor sich hat.

der Arten werthlos (sie nehmen an sonnigen Standorten zu u. kommen auch auf den B. vor). Die Stachl. sind am untern Theil des sterilen St. meist zahlreicher, dabei aber kleiner, ungleicher; auch sind sie daselbst mehr gerade, während sie umgekehrt an der Spitze mehr gekrümmt od. doch schief rückwärts geneigt sind. Die Stachl. der Blattstiele sind meist gekrümmt, selbst wenn die des St. gerade sind; sie setzen sich auf den Stielen der Blättchen u. deren Mittelrippe fort.

Die Haare zerfallen in 1) einfache od. Striegelhaare (z. B. auf der Blattoberfläche); 2) Büschelhaare (bes. auf der Unterseite der B. u. an den Stengeltheilen); 3) sehr kleine angedrückte Sternhaare (diese für die Bastarde des tomentosus characteristisch, aber erst bei 60 — 70 facher Vergrösserung zu erkennen). Im Allgemeinen gilt von den B. die Regel: je stärker die Behaarung der Unterseite, desto geringer die der Oberseite u. umgekehrt (nur R. tomentosus macht hier eine Ausnahme); desshalb sind die B. der weissfilzigen Arten (wie candicans, bifrons, amoenus etc.) oberseits vollkommen od. nahezu vollkommen kahl, während die beiderseits grünen B. auch beiderseits beha. vorkommen; ja man findet nicht selten die obern u. mittlern B. des Schösslings oberseits kahl, unterseits weissfilzig, während die untern mit der Abnahme des Filzes oberseits einzelne Ha. bekommen. Noch deutlicher bemerkt man letzteres an den B. der Bthzweige, welche beiläufig bemerkt, fast bei allen Arten oberseits zerstreute Ha. zeigen. Ausserdem nimmt der Filz der B. zu, wird weisser u. dichter, an trocknern sonnigern Orten; umgekehrt ab, wird lockerer, an feuchtern schattigern Stellen.

Die Blätter sind 5 (4—3) zählig gefingert, das mittlere grössere *) unpaare od. Endblättchen ist stets langgestielt, die Stiele der beiden mittlern Seitenblättchen sind kürzer, die der untern Seitenblättchen noch kürzer. Die Stiele der Blättchen (bei 5 zähligen B.) sind entweder frei, d. h. treffen in einem Punkte (central) zusammen od. die der beiden untern Seitenbchen

---

*) Bei 3 zähligen B. sind die Bchen so ziemlich von gleicher Grösse u. Gestalt, die seitl. nur etwas schief; bei 5 zähligen ist das Endblättchen grösser u. die untern Seitenbchen kleiner als die mittlern.

sind an den Stielen der beiden mittlern eine kurze Strecke angewachsen, gleichsam seitlich (lateral) eingefügt, was nichts anderes ist, als eine Neigung 4- u. 5-zählige B. zu bilden; in der That vereinigt sich oft 1 (od. beide) der mittlern Bchen mit dem benachbarten untern zu einem einzigen, an dem dann oft der Ursprung aus zweien durch einen mehr od. weniger tiefen Einschnitt (ohrf. Lappen) an der untern Seite des Bchens angedeutet ist. Umgekehrt entwickeln Arten, die normal 3-zählige Bchen tragen, an stärkern Expl. durch Theilung der Seitenbchen 4- u. 5-zählige B. Selten theilt sich das Endbchen eines 5-zähl. B. in 3 einzelne sitzende Bchen, wodurch ein 7-zähliges B. entsteht. Als seltene Vorkommnisse sind auch ganze (ungeth.), sowie zerschlitzte B. zu erwähnen.

Der Blüthenstand besteht aus traubig oder rispig angeordneten häufig 3- od. mehrbthg. Trugdolden; sind die Trugdolden nur 1 bthg., so ist die Inflorescenz einfach-traubig, im andern Falle wird sie schlechtweg Rispe genannt (dass sie keine echte panicula darstellt, beweist die endständige Blüthe, welche kürzer gestielt ist u. früher als die übrigen aufblüht). Ungewöhnlich, aber keineswegs selten, sind die grundständigen Bthstände; sie finden sich bes. bei' den niedrigen Glandulosen (wie Bellardi, leptopetalus, tardiflorus etc.), aber auch bei rudis, tomentosus, caesius, Idaeus, selbst bifrons. Der einzig vorhandene Bthstand ist in diesem Falle auffallend entwickelt, sehr gross-ästig, vielbthg. pyramidal, stets beblättert.

Die Blüthen aller Arten sind weiss od. mehr od. weniger in's Rosenrothe ziehend bis dunkler rosa; manche Arten blühen constant weiss, andere constant rosa, bei einigen zieht die weisse Farbe in's Grünliche oder Gelbliche, im Ganzen aber ist die Blüthenfarbe wenig beständig. — Der Kelch ist nach dem Verblühen bei ziemlich herangewachsenen Früchten abwärts geschlagen od. der Fr. angedrückt (etwa wagrecht abstehend) od. aufrecht, wobei sich jedoch einzelne Kzpfl. mitunter abnorm verhalten. — Wichtig zur Unterscheidung der Arten ist die Richtung u. Länge der Staubb. im Verhältniss zu den Griffeln; man untersuche aber weder frisch aufblühende, noch im Abblühen begriffene Blüthen und beobachte sorgfältig die Verschiedenheiten, welche bei manchen Arten im Verlauf der Bthzeit stattfinden. — Die Fruchtknoten (bald nach dem Abfallen der Kronb. zu untersuchen.) sind kahl, langha. od. filzig; häufig sind sie anfangs mit zerstreuten langen Ha. besetzt, werden aber bald kahl od. führen nur an der Spitze einzelne Ha. Bisweilen ragen die langen Ha. des Frbodens zw. den Frkn. über dieselben hinaus, so dass die Frkn. beha. erscheinen, während sie in Wirklichkeit kahl sind. Die Krb. sind bei den meisten Arten beha., bes. auf der äussern Seite. — Natürlich müssen alle Merkmale, die an den getrockneten Expl. nicht mehr od. nicht mehr deutlich erkannt werden können, beim Sammeln notirt werden; dahin gehört also die Farbe der Krb., die Farbe der Gr., Richtung der Schösslinge, namentlich aber das Verhältniss der Staubb. zu den Gr. Endlich hüte man sich, da, wo verschiedene Formen durcheinander wachsen, dass man nicht den Schössling einer Art, mit dem Bthstand einer andern zusammenbringt.

A. Herbacei. St. 1jährig. Frboden flach.

1. **R. saxatilis L.** Terminalblüthe u. Büschelha. fehlen dieser Art (Kuntze).

B. Frutescentes. St. 2jährig, im 1. Jahr steril, nur B. tragend, im 2. Bth. entwickelnd u. dann absterbend. Frboden gewölbt.

a. Idaei. *Fr. frei, vom Fruchtboden sich ablösend, roth, kurzha. filzig. B. 5- (3—7) zähliy gefiedert.*

2. **R. Idaeus L.** Schössling stielrund, aufrecht, blau bereift, Stachl. gleichf., klein, nadelig, schwarzroth, bald sehr zahlreich u. dicht stehend, bald sparsam, wohl auch ganz fehlend, in der Regel am Grunde zahlreicher u. nach oben abnehmend. Stieldr. fehlen. B. meist 5 zählig. 7 zählige kommen seltener vor, 3 zählige bes. an schwächern Expl; Bchen unterseits weissfilzig, Seitenbchen

sitzend. Rispe armbthg. Bth. nickend. Krb. stets weiss, schmal. Staubb. gleichlang, fast einreihig, so hoch als die Gr. — Var. Schösslinge mit dicht anliegendem Filz bedeckt. Blüht früher als die eigentl. Brombeeren.

1. **R. Idaeus-caesius.** Dieser Bastard, der schon sehr früh bekannt war, scheint in ,sehr verschiedenen Formen aufzutreten. B. bald 3 zählig mit oft gelappten Bchen, bald 5—7 zählig gefiedert wie bei Idaeus, unterseits meist filzig, seltener grün. Bthstände armbthg, oft achselstg. Staubb. nach Focke nicht ausgebreitet. Frkn. filzig-kurzha., nach A. auch kahl. Fr. werden bald schwarz, bald roth beschrieben. Vergl. Merc. Rubi genev. — Genf, Merc.; Schänzli bei Bern, Focke.

b. **Vulgares.** *Fr. mit dem obern Theil des Frkn. verbunden abfallend, schwarz od. schwarzblau, kahl od. höchstens an der Spitze beha. B. 3—5 zählig-gefingert, selten durch Theilung des Endblättchens 7 zählig.* Hieher die eigentlichen Brombeeren.

1. **Tomentosi. B. auf der Oberfläche sternha.-filzig od. wenigstens zw. den Nerven mit sehr kleinen angedrückten Sternha., sehr selten mit vereinzelten einfachen Striegelha. od. gänzlich kahl.(?)**

3. **R. tomentosus Borkh.** Einzige Art dieser Gruppe. Sehr leicht kenntlich an dem eigenthümlichen Schnitt der B. Wo sie frei wächst, niedrige Sträuche bildend. Schösslinge verhältnissmässig dünn, niedrig-bogig, oft gestreckt, aber auch im Gebüsch kletternd, meist stumpfkantig aber meist mit rinnigen Flächen, bisw. auch fast ganz rund, in der Bewehrung u. Bekleidung sehr veränderlich, kahl, aber auch mehr oder weniger beha., selbst dicht wollig-filzig abändernd; Reif fehlend. Stachl. krumm od. wenn gerade, doch stets schief aufsitzend, kurz, am Grunde verbreitert, verwundend, meist gleichf., doch auch mit mehr od. weniger zahlreichen Stieldr. od. mit vereinzelten kleinern Stachl. gemischt. B auf der Oberfläche entweder dicht graufilzig von kleinen Büschelha., welche schon mit gewöhnl. Loupe zu sehen

sind od. grün, anscheinend kahl, aber bei stärkerer Vergrösserung mit sehr kleinen angedrückten Sternhaaren. (Einfache Striegelha. sind selten u, beobachtete ich bis jetzt blos bei der graufilzigen Abart.) B. 3 zählig mit gelappten Seitenbchen, nicht selten 5 zählige B. eingemischt, an stärkern Expl. letztere auch vorherrschend; Bchen etwas dicklich, rhombisch od. vkteif.-keilig, bes. die seitl. mit mehr od. weniger keilf. ganzrandiger Basis, vorn ohne vortretende Spitze, am Rande ungleich-grob gezähnt od. fast lappig eingeschnitten, die mittl. u. untern Seitenbchen kurz gestielt; Bstiele oberwärts deutlich u. auf der ganzen Länge rinnig. Rispe lang, meist vielbthg, dicht; Aeste aufrechtabstehend. Bth. weiss in's Gelbliche ziehend. Staubb. ausgebreitet, höchstens so hoch als die Gr. Frknoten ganz kahl. Kzpfl. an der Fr. zurückgeschlagen. — Var. B. oberseits dicht graufilzig, der Strauch sieht wie mit Staub bedeckt aus (a. canescens), od. oberseits grün, nämlich nur mit kleinen Sternha. (b. glabratus); ferner Schössling filzig u. Stachl. sparsam; Bth. gefüllt etc. — „Fischer-Oster (Rubi bern. in Mitth. d. bern nat. Ges. 1867) hat darauf aufmerksam gemacht, dass Borckhausen's Beschreibung des R. tomentosus eigentlich nur auf den Bastard tomentosus-caesius passt. Borckh. unterschied diese hybride Form wahrscheinlich nicht von der reinen Art u. wird sie vorzugsweise beim Entwurf der Beschreibung benutzt haben. Indess darf desshalb der Bastard doch wohl nicht für den echten R. tom. ausgegeben werden. Vielmehr ist es schon an u. für sich wahrscheinlich, dass die ausgezeichnete Stammart die Aufmerksamkeit der ersten Beobachter der einheimischen Brombeeren eher als alle andern Formen auf sich zog. Ausserdem habe ich in Roth's Herbar Borckhausen'sche Originalexemplare des tom. in Gestalt der reinen Art gesehen. Willdenow wird die Pflz. unter dem Namen tom. bekommen haben, ohne dass er die Borckhausen'sche Beschreibung gekannt hat. Sein Autorzeichen W gehört zu der Diagnose, die von ihm abgefasst ist, hat aber nichts mit der Benennung, die er schon vorfand, zu thun." Focke. — Der R. tom. kommt vor in den C. Schaffh. (beide Var., aber die var. glabratus häufiger), Bern, Interlaken, Focke: Genf, Merc.; Neubg.; und ohne Zweifel durch d. ganze Geb.

Hybride des R. tomentosus.

Im Allgemeinen sind die Bastarde des R. tom. meist leicht zu erkennen. Schon der eigenthümliche Schnitt der B., der zum Theil auch auf die Abkömmlinge des tom. übergeht, führt in vielen Fällen auf die Spur.*) Dann trägt der tom. häufig auch etwas von seinen rinnigen Bstielen, gefurchten Schösslingen und Bthstandstielen auf seine illegitimen Sprösslinge über. Das sicherste Merkmal bieten aber nach O. Kuntze's schöner Entdeckung die kleinen Sternhaare auf der Blattoberfläche zw. den Nerven. Ein Rubus, der diese Sternha. u. zugleich einfache Ha. auf den B. zeigt, kann zur Zeit mit ziemlicher Sicherheit als eine Hybride von tom. angesprochen werden.**) Indess scheinen diese Sternha. manchmal mit dem Alter rar zu werden od. gar zu verschwinden, wesshalb auch junge Schösslingsblätter untersucht werden müssen.***)

† Mit bereiftem Schössling oder mit Stieldr. — Hybride mit den bereiftfrüchtigen u. stieldrüsenführenden Arten.

2. R. tomentosus — caesius O. Kuntze Ref. 87. Focke 49. Dies ist der weitaus häufigste u. in den verschiedenartigen Formen vorkommende Bastard. Es scheint kaum glaublich, dass die aufgeführten Formen zusammengehören und doch lassen an der Hybridität dieser Pflz. nicht mehr zweifeln: Die Sternha. auf den B., die sitzenden Seitenbchen u. andere Merkmale, wie Reif, Schnitt der B., frühe Bthzeit, Filz auf der Blattunterfläche etc. Auch finden sich diese Formen nur in Gegenden, wo tom. vorkommt. Die B. sind bald 3-, bald 4- u. 5zählig, bei 3zähligen die Seitenbchen häufig gelappt, bei 5zähligen die untern Seitenbchen sitzend, die mittl. kurz gestielt; sie erinnern im Schnitt bald sehr auffallend an tom., bald haben sie mit den B dieser Art gar keine Aehnlichkeit. Bth. fand ich stets weiss. Fr. abortiren meist. Kzpfl. scheinen häufig zurückgeschlagen, bisweilen

---

*) Doch hat Kuntze ein viel zu grosses Gewicht auf das rhombishe Endbchen gelegt.
**) Vergl indess R. obtusangulus, tumidus, unten.
***) Bei tom.-rudis waren die 1869 gesammelten Expl. ohne Sternha., die 1868 zur Frzeit eingelegten zeigten dergleichen auf den rispenständigen B.

auch wagrecht abzustehen. Kuntze war diese Hybride nur ungenügend bekannt. Formen mit beiderseits grünen B. sah ich noch keine, zweifle auch, ob eine Hybride von tom. mit beiderseits grünen B vorkommt. Ebenso sind die Frkelche nicht immer stieldr. u. ist die Angabe, als ob tom. u. seine Bastarde trockne fleischlose Fr. besitzen, unrichtig; sie sind, wenn sie sich überhaupt gut ausbilden, was selbst bei der Stammart nicht allzu häufig ist, eben so saftig als bei allen übrigen Brombeeren. Focke hat schon nachgewiesen, dass diese Hybride in den Rheingegenden sehr verbreitet ist und in den mannigfaltigsten Formen auftritt P. J. Müll. mag wohl 1 oder 2 Dutzend Arten auf diesen Bastard gegründet haben. Focke fand ihn bei Bern, Visp im Wall.; ich im C. Schaffh. an sehr vielen Stellen und in sehr verschiedenen Formen, von denen ich nur einige der auffallendsten kurz characterisiren will:

a. Schössling fast rund, stark blaubereift. Stachl. fast gleichf., am Grunde stark verbreitert, stark gekrümmt, Stieldr. u. Ha. fast o. Rispe vielblthg. Laub grau. — b. Dieselbe aber Schössling kantig, oberwärts gefurcht, weniger bereift. Stachl. sehr zahlreich u. hakig. Rispe mit vielen breiten hakigen Stachl., Aeste fast geknäueltbltg. — c. Schössling kantig, gegen die Spitze gefurcht, etwas beha. Stachl. wenig ungleich, kurz, fast gerade, nur am obern Theil des St. etwas gekrümmt, Stieldr. fast o. Rispe armbthg. — d. Schössling kantig, flachseitig, bereift. Stachl. fast gleichf., kurz, gerade u. rechtwinklig abstehend, Stieldr. sehr sparsam und äusserst kurz, Ha. o. Rispe vielbthg. — e. Schössling rund, schlank (später weinroth gefärbt). Stachl. ungleich, dünn, gerade, Stieldr. ziemlich zahlreich, aber Ha. fast o. Rispe wenigbthg. B. später sich sehr vergrössernd (die Endbchen nicht selten über 4" lg. u. 3" br.!)

3. R. tomentosus — vestitus Focke Beitr. 50. Stieldr. am Schössling stets vorhanden, ebenso zahlreiche Büschelhaare, die z. Th. abstehend, z. Th. klein angedrückt, der St. daher fast filzig, bes. an der Spitze oft wie mit Mehl bestäubt, nämlich die Büschelha. daselbst alle kurz. angedrückt. Stachl. fast gleichf., schlank, gerade, rechtwinklig abstehend, oft ziemlich zahlreich. B. unterseits weissfilzig, das wollige Indument des

vestitus fehlt od. ist nur an den untern B. in geringem Grad vorhanden. Bthstand verlängert, straff, meist vielbthg., mit ziemlich langen stets geraden Stachl. Krb. vkteif. — längl. Eine der häufigern Hybride und von allen Bastarden des toment. nach meinen Beobachtungen die constanteste; entwickelt auch, bes. die Schattenform, nicht selten ziemlich vollkommen ausgebildete Fr. Die Schösslinge sind an der Sonnenform eigenthümlich matt graurothbräunlich, fast chocoladefarben. Ich beobachtete diesen Bastard im C. Schaffh. an etwa 10 — 11 Stellen; Focke bei Bern und Interlaken.

4. R. tomentosus — rudis m. Stieldr. am Schössling zahlreich, aber sehr kurz (mit unbewaffnetem Auge kaum zu erkennen!). Stachl. gleichf., sehr kurz, am Grunde breit, gekrümmt od. wenigstens rückwärts geneigt. B. häufig nur 3zählig mit gelappten Seitenbchen; Bchen etwas dicklich, oberseits auffallend dunkelgrün, matt, seicht gezähnt, Endbchen oft sehr gross, Seitenbchen deutlich lateral. Bthstand verlängert, reichbthg., Stachl. desselben auffallend kurz. Krb klein, vkteif. — längl. Staubb. genau so hoch als die Gr., zuletzt von den Frkn. abstehend. Schaffh., W. einmal, ganz steril.

† † Sowohl Reif als Stieldr. fehlen. Stachl. gleichf., kräftig.

* Bchen. oberseits kahl und mit zerstreuten Striegelha. — Die Bthstände und Schösslinge sich auffallend an Kleider, Hände anhäckelnd, wie Galium Aparine!

5. R. tomentosus — bifrons Focke. Schössling stumpfkantig. Stachl. gekrümmt. Bchen dunkelgrün, klein gezähnt, die untern Seitenbchen deutlich lateral. Bthstand lang, schmal. Offenbar die dem bifrons näher stehende Form. — Eine andere, wohl ebenfalls hieher gehörige Pflz. hat tiefgefurchte Schösslinge, kurze gerade Stachl. und anscheinend centrale langgestielte ungleich grobgezähnte Bchen, die oberseits zerstreute einfache Ha. tragen. Rispe vielbthg. mit kleinen Stachl. Frkn beha. — Beide im C. Schaffh.

6. R. tomentosus — discolor Focke. Schössling nebst Bthstandachse tief gefurcht, der erstre mit ziemlich reichlichen Büschelha. Stachl. kurz, sehr breit aufsitzend, meist gekrümmt. B. mit Uebergängen zu 4- und 5-zähligen, oberseits mit zerstreu-

ten Striegelha. Krb. gross, breit. Staubb. die Gr. deutlich überragend. Schaffh. einmal, ganz steril.

7. R. tomentosus — argenteus m. Die beobachtete Form gleicht im Wuchs dem argent., lässt aber die Einwirkung von tom. sogleich an den auffallend anhäkeligen Btbständen u. Schösslingen erkennen! Stachl. am Schössling, bes. gegen die Spitze, hakig gekrümmt, der Schössling selbst bes. gegen die Spitze gefurcht, mit ziemlich reichlichen meist angedrückten Büschelha. (bes. auf den Kanten od. den Stachl.!). B. mit ihren Stielen auffallend rückwärts gerichtet (die Stiele mit dem St. einen sehr spitzigen Winkel bildend); Bchen im Ganzen oft in der Mitte etwas breiter (der Rhombenform sich nähernd), vorn stumpfl., am Rande etwas kraus, die untern Seitenbchen oft ziemlich deutlich lateral. Rispe etwas pyramidal. Kr. blass rosa. Staubb. die Gr. weit überragend. Schaffh., W. einmal, ganz steril.

Anmerk. O. Kuntze führt (S. 83) einen R. tomentosus — fruticosus auf, den er aus dem „Orbe Thal u. noch von einer andern Stelle bei Rochefort C. Neubg. von Bulnheim gesammelt" besitzen will; nach der gegebenen Beschreibung („Stachl. 20—30 zw. 2 B." etc.) lässt sich wohl annehmen, dass dem Autor eine Form des vielgestaltigen tom. — caesius vorgelegen hat. Nach God. Suppl. fl. jur. (1869) wächst der längst bekannte u. kaum zu übersehende R. fruticosus gar nicht im C. Neubg.!

* * Bchen oberseits mit zahlreichen Striegelha.

8. R. obtusangulus m. Schössling stumpfkantig od. fast rundl., mit vereinzelten Büschelha. Stachl. kräftig, am Grunde zsgedrückt, lang, gerade u. meist rechtwinklig abstehend od. etwas schief. B. 5zählig, Bchen unterseits weissfilzig, oberseits dunkelgrün, ausser den Sternha. mit reichlichen einfachen Ha. u. davon etwas schimmernd, am Rande seicht gezähnt, das Endbchen eif. od. ellipt. — vkteif. mit kurzer Spitze, unt. Seitenbchen deutlich gestielt. Rispe etwas gedrängt, die Aeste unregelm. verzweigt, fast geknäueltbthg. Krb. vkteif., blassrosa. Staubb. die Gr. weit überragend. — Da argenteus, discolor u. bifrons oberseits kahle oder nur mit sparsamen Ha. bestreute B. besitzen, tom. aber selbst fast nie dergleichen hat, so ist nicht wohl anzunehmen, dass obtusangulus durch Kreuzung einer dieser Arten (z. B. bifrons)

mit tom. entstanden sei; zudem entwickelt die Pflz. reichlich Fr., während ich tom.-argenteus, tom.-discolor u. tom.-bifrons bisher immer steril fand. Schaffh., hinter Siblingen bei der Mühle im Hohlwege, mehrere Sträucher. — Eine in den B. u. sterilen St. ganz ähnliche Form hat kleinere schmale weisse Krb. (welche an R. piletostachys erinnern) u. Staubb. von der Höhe der Gr.; die Schösslinge sind deutlicher kantig. Schaffh., W. einmal.

9. R. tumidus m. Schössling stark, kantig, tief gefurcht, kahl. Stachl. kräftig, lang, gerade. B. 5zählig, Bchen central, unterseits weisslich-graufilzig, oberseits mit Sternha. u. zahlreichen kurzen Striegelha., das Endbchen herzf.-rundl., mit aufgesetzter Spitze, die untern Seitenbchen kurz gestielt. Rispe später sehr verlängert, locker, Aeste aufrecht abstehend, die 3—4 untern öfter blattwinkelstg. Staubb. die Gr. deutlich (aber nicht viel) überragend. Frkn. kahl. — Die Sternha. lassen auf eine Hybride von tom. schliessen, der verlängerte Bthstand mit regelmässig 3gabligen Aesten u. der grosse Wuchs erinnern an candicans od. argenteus, indess zeigen die B. oberseits reichliche einfache Ha., die sowohl dem tom. als dem cand. u. argent. fehlen; auch erinnert sonst nichts an tom., die Bstiele sind kaum rinnig u. die Bthstände nicht anhäkelig. Man muss daher diese durch den Schnitt der B. auffallende Pflz. wohl für eine gute Art halten, die vielleicht in Südeuropa häufiger ist.*) Bisher fand ich sie nur im C. Schaffh., E. in wenigen Expl.

2. **Corylifolii.** B. auf der Oberfläche ohne Sternha. Seitenbchen sitzend od. fast sitzend. Frchen bläulich bereift od. doch matt, kaum glänzend, gewöhnlich wenig zahlreich u. ziemlich gross.

4. R. caesius L. Obgleich sehr bekannt, doch mit seinen Bastarden zu verwechseln. Schösslinge schlank, vollkommen

---

*) Eine ähnliche Form sah Focke aus Oesterreich. In Südeuropa kommen vielleicht ausser tomentosus noch andere Arten mit Sternha. auf den B. vor; sicher ist wenigstens nach einer Mitth. von Dr. Focke, dass auch R. sanctus Schreb. (natürlich nicht die Kuntz'sche gleichnamige Art, die alle gleichstachligen, stieldrüsenlosen Arten mit beha. Schösslingen umfasst u. eine Sammelspecies der „ärgsten Sorte" darstellt) Sternha. mit Striegelha. gemischt auf der Blattoberfläche besitzt.

stielrund, stark bläulich, bereift. Stachl. ziemlich gleichf., nadelf., meist rückwärts geneigt, Stieldr. spärlich od. o., an den Kelchen zahlreicher. B. fast stets 3 zählig, Bchen beiderseits grün, die seitl. fast sitzend, meist gelappt. Bstiele deutlich rinnig· Nebenb. breitlich, lanzett, am Grunde stielartig verdünnt (bei den meisten übrigen Arten schmal lineal-lanzett, lineal bis fädlich). Bthstände gewöhnlich ziemlich armbthg, meist doldentraubig mit langen büschligen Bthstielen. Krb. u. Frboden kahl. Staubb. wenig zahlreich, ausgebreitet, etwa so hoch als die Gr. Frchen bläulich bereift, meist wenige u. ziemlich gross, bisweilen auch zahlreicher u. vollkommen ausgebildet u. dann die Kzpfl. wagrecht abstehend od. selbst etwas zurückgeschlagen, sonst aufrecht - zsschliessend, Geschmack fade. — Var. Bchen im Schatten dünn, eben, an sonnigen O. derber, etwas runzlig; ferner an sonnigen steinigen Stellen mit zahlreichern krummen Stachl. u. reichlichen Stieldr. Formen mit unterseits filzigen B. sah ich noch keine: R. agrestis Merc. ist wahrscheinlich ein Bastard. Dagegen sollen nach And. die B. auch fussf.-5 zählig (d. i. mit lateralen untern Seitenbchen) u. 5 zähliggefiedert, vorkommen. Die K. meist dicht stieldrüsig, aber auch graulich-filzig und vollkommen drüsenfrei (noch weiter zu beobachten). Eine Var. mit eingeschnitten-gelappten Bchen, das Endbchen mit 3 tiefern Einschnitten (v. lobatus) am Uetli bei Zürich. — R. caesius wächst in Hecken, an Mauern, in Wäldern, wohl d. d. Geb., z. B. Thurg., Schaffh., Zür., Bern, Waa., Wall., Genf. Blüht gleich nach Idaeus, früher als die übrigen Brombeeren, aber bis in den Herbst hinein!

Hybride des R. caesius.

Alle übrigen in diese Gruppe gehörigen Formen scheinen Bastarde von R. caesius mit andern Arten. Die Zahl derselben ist sehr gross. Sie sind meist nicht schwer zu erkennen: die meist bereiften St. u. bes. die sitzenden Seitenbchen führen leicht auf die Spur. Bei uns haben zudem fast alle die Blattunterseite locker grau- oder weissfilzig, weil die gemeinsten Arten, mit denen caesius hybridisirt — wie bifrons, discolor, argenteus, tomentosus — unterseits weissfilzige B. haben.

(Bastarde des caesius mit den stieldrüsenführenden, ungleichstachligen Arten sind zur Zeit noch keine nachgewiesen.) Auch die breiten Nebenb. gehen häufig auf die Hybride über. Die Frchen. sind, wenn sie sich überhaupt ausbilden, meist wenig zahlreich, ziemlich gross, matt, kaum etwas glänzend. Besonders auffallend ist auch die **frühe Blüthezeit** fast aller hiebergehöriger Formen. R. caesius ist nicht nur eine der gemeinsten, sondern auch eine der am frühesten blühenden Arten; hinwiederum wird sie bis zum Spätherbst blühend angetroffen, wonach also Kreuzung mit verschiedenen andern Arten erleichtert wird. — Hieher gehören die unter den Namen R. **corylifolius**, R. **dumetorum**, R. **nemorosus** beschriebenen Arten unserer Floren; die echten gleichnamigen Arten scheinen uns zu fehlen*) Auch R. pseudocaesius Merc. besteht aus verschiedenen Bastardformen des caesius.

10. R. **caesius-vestitus** Focke. Schössling fast rund. Stachl. etwas ungleich, ziemlich kräftig, **gerade u. rechtwinklig abstehend**, Stieldr. ziemlich zahlreich, aber Ha. fast ganz o. B. 3zählig: Bchen beiderseits grün, **fast rund**, Seitenbchen sehr kurz gestielt. Bthstand z. Th. aus blattwinkelständigen entfernten reichbthg. Inflorescenzen bestehend, welche zusammen einen langen unterbrochenen beblätterten Bthstand bilden; Achse mit **geraden dünnen**, z. Th. **ziemlich langen Stachl.** K. filzig. Krb. breit. Schaffh. bei Siblingen; nach **Focke** bei Interlaken.

11. R. **caesius-bifrons** m. Diese Hybride scheint sehr häufig u. in gar verschiedenen Gestalten vorzukommen. Einigermassen sicher sind mir bis jetzt nur folgde Formen:

a. Schössling stumpfkantig (oft gekrümmt), etwas dick, mit zerstreuten Büschelha.**) Stachl. sparsam, gleichf., klein, am Grunde verbreitert und meist etwas gekrümmt. Stieldr. sehr kurz und vereinzelt. B. 3—5zählig, bei 3zähligen die Seitenbchen gelappt, fast sitzend, bei 5zähligen sitzend u. die mittl. kurz gestielt; Bchen etwas runzlig, hell, fast gelbgrün, oberseits mit Striegelha., unter-

---

*) R. nemorosus Hayn. (R. dumetorum W. u. N.) u. R. Wahlbergii Arrh. scheinen in Norddeutschland zieml[i]ch verbreitet u. constant.
**) R. bifrons scheint in seinen hybriden Formen seine Sternha. meist zu verlieren

seits locker graufilzig, Endbchen breit eirhombisch od. fast rundl. u. sehr oft (wie auch die seitl.) vorn abgerundet-stumpf. Bthstand sehr armbthg (meist nur 3—8 bthg.), bald einfach-traubig, bald mit 1—2 blattwinkelstgen 2—3 bthg. Aesten, wobei der untere Ast den durch Knickung der Achse seitwärts gedrängten Endtheil der Inflorescenz oft erreicht, wodurch ein doldentraubiger Bthstand entsteht. Achse mit kurzen gekrümmten Stachl., ohne Stieldr. Bth. schön rosa, Krb. fast kreisrundl. Schaffh., E., an vielen z. Th. von einander entfernten Stellen, aber meist in geringer Menge, doch sehr übereinstimmend, aber steril. — b. Fast wie vor, aber Schössling kantig, z. Th. etwas gefurcht. Stachl. fast gerade, Stieldr. nur vereinzelt im Bthstande; dieser sehr reichbthg, fast bis oben mit einfachen B. durchsetzt, Aeste gedrängtbthg. B. meist 5zählig, Endbchen etwas breit zugespitzt. Staubb. die Gr. etwas überragend. Kzpfl. zur Frzeit wagrecht abstehend, kurz, breit, ausgehöhlt. Bei Haslach. — c. Schössling etwas schlank, stumpfkantig, angehaucht wie bifr. Stachl. gleichf., gerade u. fast rechtwinklig abstehend, vereinzelte Büschelha. u. kurze Stieldr, (od. Stachelhöckerchen). B. 5zählig, Bchen etwas derb, oberseits mit vereinzelten Striegelha., unterseits locker graufilzig, seicht gezähnt, Endbchen breit herzeif. od. fast rundl., untere Seitenbchen an den Stielen der mittl. kurz gestielt. Bthstand etwas unregelmässig. Stieldr. auch am weissfilzigen K. Krb. schwach rosa, fast rundl. Staubb. so hoch als die Gr. Gleicht in den sterilen St. einem bifrons im Kleinen. Bei der Kirche Wilchingen.

12. R. caesius-discolor? Schössling fast gestreckt (im Gebüsch etwas bogig-aufsteigend), kantig, kahl od. mit vereinzelten Ha., ohne Stieldr., bereift. Stachl. gerade. B. 5zählig, Bchen etwas unregelmässig, oft tief gezähnt, beiderseits grün, oberseits fast kahl, untere Seitenbchen an den Stielen der mittl. sitzend, letztere ebenfalls kurz gestielt. Bthstand zsgezogen, bei reicherer Entwicklung verlängert, aber die Aeste fast geknäueltbthg, ohne Stieldr. Staubb. so hoch als die Gr. Einmal unter den Eltern! — Eine ähnliche Form hat die obern bthstgen B. unterseits dünn graulfilzig.

13. R. caesius-argenteus m. Schössling hochsteigend (aber der Bthstamm niedrig), unterwärts rund, etwas bereift,

mitten kantig, flachseitig, oberwärts etwas gefurcht. Stachl. klein, schwach, gerade, unterwärts zahlreich, aber ungleich u. mit vereinzelten, sehr kurzen Stieldr., sonst kahl. B. 5zählig, Bchen oberseits mit vereinzelten einfachen Ha., unterseits locker graufilzig, Endbchen länglcif., etwas zugespitzt, untere Seitenbchen an den Stielen der mittl. sitzend. Rispe verlängert, sehr schmal. Staubb. die Gr. etwas überragend. Schaffh., W., einmal neben argent — Eine andere Form hat einen sehr ästigen, weitläufigen, lockern Bthstand (am Grunde des Schösslings ebenfalls zahlreiche Stachl.) u. fast concolore, anscheinend centrale Bchen u. griffelhohe Staubb. *)

14. R. caesius - candicans beobachtete Focke bei Thun.

15. R. caesius-fruticosus. Schössling bogig-gestreckt, kantig, etwas bereift, kahl. Stachl. gleichf., am äussersten Grunde etwas verdickt, gerade, Stieldr. sehr vereinzelt. B. 5zählig, Bchen beiderseits grün, Endbchen breiteif., untere Seitenbchen an den Stielen der mittl. sitzend, mittl. kurz gestielt. Bthstand etwas verlängert, ziemlich arm-(10—12)bthg, einfach-traubig od. die Aeste mit 1 Seitenbth. Bth. gross, weiss, Krb. breiteif., plötzlich in einen Nagel zsgezogen. Schaffh., einmal neben frutic.

Anmk. Ausser den eben beschriebenen fand ich noch verschiedene andere Bastarde von caesius, aber es ist mir nicht in allen Fällen geglückt, den 2 Factor festzustellen. Ich glaube nicht zu irren, wenn ich annehme, dass bes. R. caesius-bifrons in grosser Zahl u. Mannigfaltigkeit auftritt, u. dass versch. dieser Formen unterseits grüne B. tragen u. dem caesius ähnlich sehen, andere aber in ihrem Aeussern weder die eine noch die andere Art vermuthen lassen Da nämlich R. caesius nicht besonders reich an Stieldr. ist u. sie in seinen Bastarden gern zu verlieren scheint, so haben die Bastarde mit den gleichstachligen, stieldrüsenlosen Arten ziemlich gleichf. Stachl. fast oder ganz ohne alle Stieldr., wesshalb manche derselben, da sie zugleich kantige St haben, unter den echten stieldrüsenlosen Arten gesucht werden könnten.

---

*) Dies ist mein R. affinis d. Excfl.

Eine solche beifolgend kurz charakterisirte Form steht in ihren Merkmalen anscheinend dem R. fruticosus nahe, ist aber doch wesentlich verschieden: Bthstand verlängert, fast gleichbreit, sehr locker, mit einfachen B. fast bis oben durchsetzt: Aeste, auch die untern, meist 1 bthg. od. mit 1 Seitenbth., aufrecht, die obersten etwas bogig u. fast gegipfelt, Aeste u. Stiele fast wehrlos. Kzpfl. kurz, breit. Krb. breit, rosa. Staubb. ungleich, die grössern die Gr. meist überragend. Schössling etwas bereift, kahl, kantig-gefurcht. Stachl. gleichf. Bchen central.

Sämmtliche bisher erwähnte Bastardformen von caesius besitzen die dieser Gruppe zukommenden Merkmale, namentlich subsessile Seitenbchen; einige hybride Erzeugnisse, die ich vor mir habe, lassen jedoch die Vermuthung aufkommen, dass es auch Hybride von caesius (z. B. mit dem gemeinen bifrons) gebe, welche gestielte Seitenbchen führen. Sollte vielleicht in diesen R. caesius als männlicher Factor, in den andern aber als weiblicher enthalten sein?

3. **Glandulosi.** Stachl. ungleich, Stieldr. zahlreich. Frchen glänzend, unbereift. Sternha. o. Seitenbchen deutlich gestielt (nur bei Villarsianus u. prasinus fast sitzend). — Bisweilen sind die grössern Stachl. aus den übrigen mehr hervortretend u. ziemlich gleichf. u. dann die Stieldr. oft minder zahlreich; od. die mittl. Stachl. u. die Stieldr. fehlen fast ganz u. die grössern Stachl. sind fast einzig vorhanden (s. folgende Gruppe). Es schliessen sich also gleichf. Stachl. u. zahlreiche Stieldr. aus; od. je ungleicher die Stachl., desto zahlreicher sind die Stieldr., u. umgekehrt; nie finden sich gleichf. Stachl. u. zahlreiche Stieldr. neben einander (s. Gruppe 5). — Eine sehr artenreiche schwierige Gruppe. Schössling meist niedrig-bogig od. fast gestreckt, häufig rund od. stumpf-kantig. B. 3-, 4-, 5zählig, bei 5zähligen die Seitenbchen meist lateral.

§ **Seitenbchen fast sitzend. Staubb. so hoch als die Gr.**

5. **R. prasinus Focke.** Schössling rund, unbereift; Stachl. ungleich, die grössern am Grunde etwas verdickt u. etwas gekrümmt; B. 3zählig, Seitenbchen fast stets gelappt, seltener 4—5zählg, Endbchen herzeif., nach vorn mehr od. weniger breit zugespitzt, seitl. fast sitzend; Bthstand armbthg, kurz, doldentraubig; Krb. längleif.: Staubb. reichlich so hoch als die Gr.; Kzpfl. an der Fr. aufrecht. — Schössling niedergestreckt, grün, rund, sparsam beha. od. fast kahl, aber mit vielen Stieldr. Stachl. werden zur Herbstzeit blass röthlgelb. Bchen beiderseits grün. Krb. weiss od. rosa angelaufen. Frchen wenige, etwas gross, wenig glänzend. Von den Arten der vor. Abthlg durch die unbereiften Schösslinge u. die zahlreichen Stieldr. unterschieden; der folg. Art steht sie zwar in den meisten Merkmalen nahe, ist aber nicht wohl damit zu verwechseln. Diese Art findet sich in meiner Umgebung sehr häufig, fast in allen Wäldern unter Gebüsch u. zwar die Hauptform als kleines Sträuchlein mit dünnem, schwachem, fast zw. Laub u. Gras verstecktem St., aber dennoch sehr auffallend: 1) durch ihre frühe Bthzeit; sie erscheint etwa gleichzeitig mit fruticosus u. den meisten Bastarden von caesius; dadurch fällt sie sehr auf, da zu dieser Zeit von den niedrigern stieldrüsenführenden Arten noch keine in Blüthe steht; 2) durch die Blattform; diese ist eigenthümlich u. constant, die Spitze des Endbchens mehr od. weniger breit vorgezogen, die Seitenbchen fast stets gelappt, wegen der fast fehlenden Stielchen meist den untern Theil des mittl. Bchens deckend, Rand ungleich gezähnt; 3) durch den kurzen sperrigen Bthstand, die Achse ist hin u. her gebogen, die Aeste weit abstehend; bei reicherer Entwicklung sind entfernte bwinkelstge seitl. Inflorescenzen vorhanden. — Eine grössere Form hat die Stachl. sehr zahlreich, z. Th. auch die kleinern, am Grunde stärker verbreitert u. gekrümmt (aber sehr ungleich), die B. 5zählig, hell, fast gelbgrün. Eine Sonnenform ist ebenfalls stärker, hat satt rothbraune St. u. sehr dicht stehende aber schlankere, mehr gerade Stachl. — Diese Art scheint eine grosse Verbreitung zu besitzen, wenn die Bremer Pflz. wirklich die nämliche, was noch nicht ganz unzweifelhaft ist. (Unsere Pflz. hat einen mehr sperrigen lockern Bthstand u. längere Stieldr. u.

Stachl. an demselben, die Bchen sind etwas grösser, schwächer beha. etc.) C. Schaffh., Thurg.

16. R. caesius-rudis? Schössling rund, niedrig-bogig, aber sehr oft im Gebüsch hoch aufsteigend (bis 12' u. länger), kaum bereift, kahl. Stachl. ungleich, die grössern am Grunde verbreitert, kurz, **gerade u. rechtwinklig abstehend**, mit vielen ungleichen Stieldr. untermischt. B. 3—5zählig, bei 3zähligen die Seitenbchen kurz gestielt, bei 5zähligen die untern an den Stielen der mittl. fast sitzend, letztere ziemlich lang gestielt; Bchen beiderseits grün, unterseits bisweilen etwas schimmernd, ziemlich gleichf. gezähnt, Endbchen **herzf.-kreisrundl. mit kurzer, aufgesetzter Spitze**. Bthstand kurz, fast doldentraubig mit gespreizten Aesten, aber häufig mit oft sehr entfernten bwinkelstgen seitl. Inflorescenzen. Krb. vkteif. Staubb. so hoch als die Gr. Kzpfl. an der Fr. aufrecht. — Diese Form beobachtete ich im Walde zw. Neunkirch u. Wilchingen an versch. Stellen, aber meist nicht sehr zahlreich; sie blüht sehr frühzeitig u. fructificirt sehr sparsam u. unvollkommen. Die ausgebildeten Fr. sind sehr glänzend schwarz, wesshalb an der Hybridität wohl sehr gezweifelt werden darf; um so mehr, da die Pflanze sonst sehr constant ist u. namentlich durch die scharf u. regulär geschnittenen Bchen, welche sie nebst den deutlicher gestielten Seitenbchen u. geraden Stachl., leicht von prasinus unterscheiden, auffält. Das Laub ist hellgrün, die Bth. reinweiss, die Rispe oft sehr reichstachlig u. die Kzpfl. häufig mit blattigen Anhängseln.

17. R. serpens Godr.? (R. caesius hybr.?) Schössling vollkommen rund (grün), kahl. Stachl. zahlreich, sehr ungleich, alle fein, gerade, mit vielen sehr ungleichen Stieldr. B. 5—3zählig; Bchen hellgrün, dünnlaubig, beiderseits grün, die obern bthständigen unterseits bisw. dünn graufilzig; bei 3zähligen die Seitenbchen ziemlich kurz, aber deutlich gestielt, bei 5zähligen die untern Seitenbchen deutlich lateral, Endbchen eif.- od. eirhombisch mit kurzer Spitze. Bthstand meist armbthg, gewöhnlich 1—2blüthige aufrechte Aeste, von denen die meisten mit z. Th. einfachen B. gestützt sind, die obersten genähert, fast doldentraubig; Achse u. Stiele straff, mit sehr sparsamen feinen Stachl. besetzt. K. filzig, dichtdrüsig, meist ohne Stachl. Bth. weiss, oft gefüllt; Krb. am

Grunde verschmälert. Staubb. reichlich so hoch als die Gr. Ob ein Bastard von caesius mit einer der Glandulosen? oder gar Idacus? Schaffh., einmal massenhaft, aber steril; früh blühend.

6. **R. Villarsianus Focke.** (R. hirtus Merc.?) Schössling rund, schwach bereift; Stachl. sehr ungleich, sämmtlich dünn, nadelig, gerade u. meist rechtwinklig abstehend; B. 3-seltener 4—5zählig. Endbchen breiteif. od. fast rundl. mit kurzer Spitze, seitl. sehr kurz gestielt; Bthstand (typisch) ziemlich armbthg, traubig, die Bth. kurz gestielt; Krb. vkteif.; Staubb. zahlreich, reichlich so hoch als Gr.; Frkelche aufrecht. — Eine ausgezeichnete Art, aber wie es scheint, ziemlich variabel! Schösslinge rund, oft braun oder gelbbraun gefärbt, die Stachl. auch an stärkern Expl. schlank, am Grunde wenig verbreitert, od. sie sind kürzer u. am Grunde etwas verdickt, aber dann etwas geneigt. Stieldr. reichlich. B. beiderseits grün, im Umrisse mehr od. weniger rundl., bes. die der Bthzweige, oft ziemlich reichlich beha., sowohl ober- als unterseits, am Rande ziemlich regelmässig gezähnt; bisw. ziemlich gross. Bthstand bei reicherer Entwicklung unterbrochen, die Aeste mit büschliger (trugdoldiger) Verzweigung. Bth. gross, die Krb. breit, weiss; die Staubb. zahlreich (wie bei vestitus). Gr. grünlich. Kelche dicht braundrüsig. Frkn. kahl. Von den folgenden Arten mit rundem St., 3zähligen B. u. griffelhohen Staubb., schon durch die breiten Krb. verschieden. — Hr. Dr. Focke nennt diese Art zur Erinnerung an Villars' erste Unterscheidung des Typus der Glandulosen, obgleich Hr. F. nicht behaupten will, dass R. hybridus Vill. gerade diese Art darstellt. — Sie scheint etwas früher als die meisten übrigen Glandulosen zu blühen u. findet sich in Bergwäldern: Schaffh., am Henning; Thurg., ob Kreuzlingen; Zür., am Uetliberg, vom Fusse des Berges bis auf dessen Höhe massenhaft, auch am Zürichberg; nach Focke in Unterwall. u. in den C. Waa. u. Bern.

§§ Staubb. fast einreihig, deutlich niedriger als die Gr. Seitenbchen deutlich gestielt.

† Staubb. aufrecht.

7. **R. leptopetalus Focke.** Schössling rund; Stachl. ungleich, auch die grössern nadelf., etwas geneigt (gelbl); B. 3zählig,

Bchen beiderseits grün, endstg. eirhombisch, etwas zugespitzt; Krb. sehr schmal, verbogen, leicht abfallend; Staubb. fast einreihig, aufrecht, halb so hoch als die grünlichen Gr., mit röthlichgelben Kolben; Frkn. filzig; Frkelche angedrückt. — Niedriges Sträuchlein. Bth. unscheinbar, von ferne grünlich erscheinend, die röthlich gelben Antheren sehr auffällig! Kr. weisslich. Kb. mehr allmälig zugespitzt als an den Verwandten. — Zür., auf dem Zürichberg an mehr. Stellen.

8. **R. brachyandrus m.** Schössling rund; Stachl. ungleich, auch die grössern fein, nadelf., gerade od. geneigt; B. 3zählig, Bchen unterseits blasser, endstg. eirhombisch; Krb. länglkeilf.; Staubb. einreihig, bei mittlerer Blthzeit etwa halb so hoch als die Gr. (anfangs fast so hoch als dieselben), Antheren u Gr. grünlich; Frkn. filzig; zpfl. des Frkelchs, aufrecht od. angedrückt. — Krb. weiss. K. fast graufilzig. Laub trüb fast schmutziggrün. Bthstand oft ziemlich reichblthg. Eine der kleinsten Arten, der sterile St. oft kaum fusslang. Schon Mitte Juni in voller Blüthe. — Schaffh. W., an 2 Stellen; Thurg., ob Kreuzlingen, gewiss noch anderwärts.

Anmerk. Scheint leicht Bastarde zu bilden. Ich glaube solche mit celtidifolius u. Bellardi zu besitzen.

† † Staubb. anfangs aufrecht, nur wenig niedriger als Gr., dann stark ausgebreitet u. nur halb so hoch als Gr., zuletzt den Frkn. wieder angedrückt.

9. **R. tardiflorus Focke.** Schössling (schlank) rund; Stachl. die grössern (gelbl.) etwas vortretend, ziemlich gleichf., geneigt od. die stärkern am Grunde etwas verbreitet und etwas gekrümmt, Stieldr. von den Ha. überragt; B. 3zählig, Bchn. beiderseits grün, unterseits bisw. schimmernd, das Endbchn. eirhombisch, lang zugespitzt; Bthstand kurz, armbthg; Krb. länglkeilf., kahl: Staubb. stark ausgebreitet u. nur halb so hoch als Gr., diese grünl.; Frkn. kahl, glänzend; Kzpfl. an der Fr. angedrückt (wagrecht) — Krb. weiss und sehr schwach rosa. Die Bth. erinnern an brachyandrus, aber schon Schösslinge und B. ganz verschieden; auch viel später (Mitte Juli.) blühend. Häufig rhizomblüthig. Bisher nur Schaffh., W., an einer Stelle in ziemlicher Menge.

10. **R. albicomus m.** Schössling kantig (oberwärts oft gefurcht); Stachl. am Grunde verbreitert, stark rückwärts geneigt u. oft etwas gekrümmt, mittlere sparsam, aber viele kurze Stieldr. u. Ha.; B. 5—3zählig, Bchn unterseits weissfilzig, Endbchen längleif., mehr od. weniger lang zugespitzt; Bthstand etwas verlängert, sperrig; Krb. klein, länglkeilf., leicht abfallend; Staubb. ausgebreitet, halb so hoch als die Gr., Staubk. röthlgelb; Frkn. filzig; Kzpfl. an der Fr. aufrecht od. angedrückt. — Von den 3 vor. gynodynamischen Arten abweichend durch grössere Tracht: die Schösslinge meist braun gefleckt, bisw. bogigaufsteigend u. so hoch wie an bifrons, die Bestachlung etwas an rudis erinnernd. Kr. weiss. An der Sonnenform sind die B. dick, unterseits mit dickem schneeweissen Filz und sehr stark hervortretenden Rippen. — Schaffh., W., an versch. Stellen, ziemlich häufig.

§§§ Staubb. wenig zahlreich, so hoch (nicht höher) als die Gr. Krb. nach vorn verschmälert. Seitenbchen deutlich gestielt.

11. **R. saltuum Focke.** (R. Güntheri Babingt. nach F.*) Schössling (schlank) rundl. od. stumpfkantig (meist braun); grössre Stachl. ziemlich gleichf., am Grunde etwas verbreitert, schief, oft schwach gekrümmt; B. 3- seltner 5zählig, Bchen unterseits dünn graulichfilzig (bis fast grün), Endbchen ellipt., etwas zugespitzt, seitl. gestielt; Bthstand verlängert, die Aeste fast stets am Grunde verzweigt, nebst der Achse und den Bthstielen mit wenigen sehr schwachen Stachl. bewehrt; Krb. schmal, längl. — elliptisch, nach vorn verschmälert; Staubb. wenig zahlreich, so hoch als die Gr., diese unterwärts röthl.; Frkn. dichtha., Kzpfl. der Fr. angedrückt od. z. Th. zurückgeschlagen. — Eine sehr ausgezeichnete leicht kenntl. Art! Besonders characteristisch sind die schmalen vorn zugespitzten Krb., welche in Verbindung mit den röthl. Gr. der Blüthe ein eigenes Aussehen geben. Krb. etwa 2 mal so lang als breit, beidendig verschmälert, am Rande wie gewimpert. Die Schösslinge ver-

---

*) Der schlesische R. Güntheri W. u. N. ist nach einem von Schwarzer gesammelten Expl. durchaus verschieden. Die zierliche Rispe mit den feinen sperrigen Aesten ist mit langen Stieldr. bedeckt; die Staubb. sind deutlich kürzer als die Gr., letztere unterwärts ebenfalls roth. B. gleichfarbig. Stachl. gerade.

hältnissmässig dünn, stets braunröthl., die grössern Stachl. ziemlich vortretend von den übrigen, mit gelben Spitzen. B. oberseits etwas dunkelgrün und schwach glänzend, die Seitenbchen bisw. gelappt. Bthstand sehr eigenthümlich, bei kleinen Expl. einfachtraubig, die Bthzweige nebst dem St. hin und her gebogen; an grössern rispig, oft viel (bis 50, ja 100) bthg., die untern Aeste ziemlich entfernt in den Bwinkeln, traubig, mehrbthg., die kürzern mittlern u. obern Aeste sind gewöhnlich **am äussersten Grunde** in 3 einblüthige Stiele geth., häufig steht **unter diesem 3blthgen** Aste, also unmittelbar **ob dem Deckb.** noch eine einzige gestielte Blüthe; Aeste und Bthstiele aufrecht — abstehend (bei schwächern die 1blthgen Aeste mehr wagrecht). Dieser **verlängerte oft bis oben durchblätterte** Gesammtbthstand ist schon zur Bthzeit **in einem Bogen übergeneigt,** bei der Frreife wird er fast immer auf den Boden herabgezogen. Achse nebst Verzweigungen mit kurzen den Filz kaum überragenden Drüsen, später nebst dem 2jähr. Stamm eigenthümlich rostroth gefärbt. Kzpfl. graufilzig. Fructificirt reichlich und sehr vollkommen, die Fr. werden gross, sind aber ziemlich wässerig. An der Schattenform sind die Stachl. ungleicher, feiner, die Bchen grösser, breiter. — Schaffh., nicht gemein aber fast überall; Zür., am Zürichberg; Waa., Focke. Blüht spät, erst nach bifrons u. vestitus, von allen zuletzt!

18. **R. saltuum — rudis?** Grösser als salt. Schössling stärker, kantig. Grössere Stachl. ziemlich kräftig, gleichf., am Grunde verbreitet, kurz, geneigt od. etwas gekrümmt, Stieldr. sehr zahlreich, Ha. und mittlere Stachl. fast o. B. 5zählig, Bchen unterseits **weissfilzig,** Endbchen eirhombisch, **zugespitzt.** Bthstand verlängert und sehr reichbthg., Aeste meist erst über der Mitte verzweigt, bisw. noch mit 1bthg. Seitenstielen, die mittleren fast wagrecht abstehend, meist alle, od. nur die 1—3 obersten ausg., mit Laubb. gestützt. Staubl. viel zahlreicher als bei salt. (wie bei vestitus!). Gr. ungefärbt. K. dicht weissfilzig. Stachl. im Bthstand verhältnissmässig ebenfalls schwach. Im Uebrigen sehr an die vor. Art erinnernd, namentl. auch in den schmalen Krb. Schaffh., W., an 3 Stellen, selten.

§§§§ **Staubb. zahlreich, so hoch od. höher als die Gr. Seitenbchen deutlich gestielt.**

† Stachl. zahlreich, vielerlei, d. i. von sehr verschiedener Grösse, alle nadelig od. nur die grössern am Grunde verdickt u. dann meist gekrümmt. B. meist 3zählig.
* Gr. grünlich.

12. **R. Weiheanus Focke.** (R. hirtus W. u. N., nicht W. u. Kit. R. glandulosus Rchb.) Schössling rund (violett überlaufen, wie bereift), dicht beha.; Stachl. zahlreich, sehr ungleich, die grössern lang, schlank, gekrümmt; B. 3zählig, Bchen beiderseits grün od. unterseits etwas blasser, Endbchen eif.-elliptisch, mit kurzer breiter Spitze (nicht eigentlich zugespitzt), seitl. deutlich gestielt; Bthstand verlängert, der obere Theil meist eine einfache Traube od. traubenf. Rispe bildend, die untern bwinkelstg. Aeste (bei reichern Bthständen) ähnlich wie der Endtheil der Rispe gebildet, die gesammte Inflorescenz übergeneigt, mit feinen, z. Th. sehr langen Stachl.; Krb. länglkeilf.; Staubb. die Gr. deutlich überragend; Frkn. kahl od. mit zerstreuten Ha.; Kzpfl. an die Fr. angedrückt (wagrecht). — Der folgenden Art gewiss verwandt, aber durch lange, dünne Stachl. u. verlängerten Bthstand sogleich zu unterscheiden. B. oberseits meist schwach glänzend. Stengel, bes. die 2jähr., oft ziemlich dick, die Bthstandstiele u. deren Verzweigungen dagegen schlank, fein. Kr. weiss. — Focke bezeichnet übrigens mit seinem Namen zunächst eine dem R. hirtus W. u. N. entsprechende Form: ob meine Pflz. ganz dieselbe ist, liess sich aus trocknen Expl. nicht sicher entnehmen. — Schaffh., W. u E., ziemlich h. Scheint früher als folgende aufzublühen.

13. **R. Bellardi W. u. N.** (R. hirtus W. u. Kit., R. glandulosus Bell.) Schössling rund, bes. unterwärts etwas bereift, schwach beha.: Stachl. sehr ungleich, nadelf. od. nur die grössern am Grunde etwas verdickt u. etwas geneigt; B. 3zählig, Bchen (gross) beiderseits grün, am Rande klein gezähnt, Endbchen breit elliptisch od. breitvkteif., plötzlich in eine kurze schmale Spitze zsgezogen, seitl. deutlich gestielt; Bthstand meist kurz, breit, fast doldentraubig, Aeste u. Bthstiele verlängert, weit abstehend; Krb. länglkeilf. Staubb. die Gr. überragend; Frkn. kahl; Kzpfl. an der Fr.

aufrecht. — Krb. weiss, ziemlich gross, aber schmal. Bthstand im Ganzen mässig entwickelt, die mittl. Aeste fast rechtwinklig abstehend, mit lineallanzetten Deckb. An grossen Expl. (ich fand solche mit 10' lg. St.) ist die Inflorescenz auffallend schlaff, weitschweifig, ganz entgegengesetzt der der vor. Art. Stieldr. finden sich auch an den obern (einfachen) B. im Bthstande. Scheint eine der verbreitesten Arten aus der Gruppe der Glandulosen; in wie weit die Pflz. nach Stand-O. etc. abändert, wird weiter nachzuweisen sein. — Schaffh., W. u. E. an mehr. O., doch nicht gemein; nach Focke in den C. Waa. u. Bern.

Anmk. Eine etwas ähnliche Form, aber mit reichlicher beha. St. u. gefärbten Gr. am Zürichberg; eine zweite mit auf dem Rücken zottigen Frkn. ebendaselbst. Beide sind weiter zu beobachten.

14. **R. brevis m.** Schössling (grün) rund od. stumpfkantig (oberwärts bisw. fast gefurcht); Stachl. sehr ungleich, grössere u. mittlere kurz, mit stark verbreitetem Grunde u. gekrümmter Spitze; B. 3—5zählig, Bchen unterseits dünnfilziggraulich, oberseits dunkelgrün, Endbchen eirhombisch, mehr od. weniger lang zugespitzt, seitl. deutlich gestielt; Bthstand kurz, Aeste lang, wagrecht abstehend; Krb. vkteif.; Staubb. reichlich so hoch od. etwas höher als die Gr.; Frkn. langha.; Kzpfl. an der Fr. wagrecht od. etwas zurückgeschlagen. — Unansehnliche Art; kleine Expl. erinnern, oberflächlich betrachtet, etwas an prasinus, welche aber viel früher blüht u. subsessile Seitenbchen hat. Krb. stets röthl. — Im Schatten der Wälder: Schaffh., W. u. E. an vielen O.

** Gr. roth.

15. **R. celtidifolius Focke.** Schössling rund ; Stachl. sehr ungleich, alle sehr fein, nadelig, gerade od. geneigt, mit vielen Ha. u. Stieldr. gemischt; B. 3-, seltener 5zählig, Bchen beiderseits grün, am Rande tief- u. unregelmässig eingeschnittengezähnt, Endbchen länglvkteif. od. vkteif., plötzlich in eine lange Spitze zsgezogen, seitl. gestielt; Bthstand mässig entwickelt, Achse hin u. her gebogen, Aeste aufrecht, die untern verlängert; Krb. länglkeilf.; Staubb. die Gr. etwas überragend; Gr. schön roth; Frkn. .... Kzpfl. an der Fr.

aufrecht. — Eine durch den eigenthümlichen Schnitt der B. sehr auffallende Art. Bth. ziemlich gross, weiss. — Bisher nur Thurg., Wald ob Kreuzlingen.

Anmk. Zu den Glandulosen mit verschiedenartigen Stachl., vorwiegend 3zähligen B., schmalen Krb. u. langen Staubb. gehört auch R. Schleicheri W. u. N. Die grössern Stachl. sind breit, stark gekrümmt, die Rispe in eine einfache, wenigblüthige, vor dem Aufblühen nickende Traube endigend, die Achse mit sehr kurzen Stachl., die Frkn. filzigha.

†† Stachl., die grössern aus den übrigen deutlich vorstehend u. oft ziemlich gleichf., die übrigen merklich kleiner. B. 3—5zählig.

16. **R. fraternus m.** Schössling rundl. od. stumpfkantig; die grössern Stachl. etwas vorstehend u. ziemlich gleichf., schlank, gerade, die Stieldr. von den dicht stehenden Ha. überragt; B. 3zählig, Bchen unterseits von dicht stehenden Ha. grau, schimmernd, Endbchen vkteif. mit aufgesetzter kurzer Spitze, nach dem Grunde etwas verschmälert, aber am äussersten Grunde etwas herzf., seitl. gestielt; Bthstand kurz, mit ausgespreizten, häufig 3gabligen Aesten, Achse u. deren Verzweigungen mit ungleichen, z. Th. langen u. die dichtstehenden Ha. überragenden Stieldr.; Krb. länglvkteif.; Staubb. gut so hoch als die Gr.; Frkn. langha.: Kzpfl. an die Fr. angedrückt od. wagrecht abstehend — Bth. weiss. Bform eigenthümlich. Hält in den meisten Merkmalen die Mitte zw. Bellardi u. vestitus. — Schaffh., W. an vielen O., gern in kleinen Trupps.

17. **R. insericatus (P. J. Müll.?).** Schössling kantig, fast flachseitig; Stachl. meist ziemlich sparsam, bald ziemlich gleich, bald mit kleinern untermischt, auch die grössern schwach, kurz, gerade, meist schief; Stieldr. bald sparsam, bald zahlreicher wie die Ha.; B. meist 3zählig, Bchen unterseits dichtha., grau, etwas rauh anzufühlen, endstg. vkteif. od. breitelliptisch, plötzlich in eine kurze Spitze zsgezogen; Bthstand mit trugdoldig verzweigten Aesten, von denen die obern genähert, die untern entfernt blattwinkelstg sind, Stachl. sparsam, bisweilen fast o., schwach, gerade; Krb. lang, länglvkteif., am Grunde verschmälert; Staubb. so hoch als die Gr.; Frkn. dichtha.; Kzpfl. zurück-

geschlagen. — Krb. stets rosa. Gr. grünlich. Schössling an der Sonnenseite eigenthümlich schmutzig bräunlroth. — Schaffh., W. an vielen Stellen.

18. **R. foliosus (W. u. N. ? *).** Schössling stumpfkantig, meist braunroth: Stachl. ungleich, die grössern bald ziemlich gleichf., schlank, gerade u. rechtwinklig abstehend, bald die grössern kräftig, am Grunde verdickt u. mit verschieden grossen gemischt, zahlreiche Stieldr. u. dicht stehende Ha.; B. 3—5zählig, Bchen beiderseits grün, Endbchen breiteif. od. fast rundl., mit herzf. Grunde u. kurzer Spitze (nicht zugespitzt): Bthstand sehr zottig, mit ausgespreizten Aesten u. Bthstielen, unterwärts u. oft bis zur Spitze mit einfachen B. durchsetzt, mit langen geraden Stachl.; Krb. länglvkteif.; Staubb. gut so hoch als die Gr.; Frkn. kahl; Kzpfl. an der Fr. zurückgeschlagen. — Schössling an grössern Expl. bisw. ziemlich dick. B. zeigen eine auffallende Neigung zur Herzform; sie sind breit u. nicht tief gezähnt. — Var. major, grösser, Stachl. ungleicher, Bchen 5zählig, breit, sämmtlich, auch die beiden untern, am Grunde deutlich herzf., das Endbchen sehr gross, Bthstand reichbthg, Kzpfl. mit blattigen Anhängseln. — Schaffh., W. in unzählbarer Menge, an manchen Stellen auf weite Strecken den Boden völlig bedeckend: Constanz: Zürich; bei Bern, Interlaken, Aigle, nach Focke.

19. **R. suavifolius m.** Schössling rundl. od. stumpfkantig: Stachl. zahlreich, grössere etwas schlank, geneigt, Stieldr. zahlreich, ungleich; B. 3—5zählig, Bchen unterseits dicht weissfilzig u. von längern Ha. schimmernd, sammtig, Endbchen schmäler od. breiter rhombisch, mehr od. weniger lang zugespitzt; Bthstand wenig verlängert, aber häufig mit entfernten bwinkelstgen Aesten, mit langen fast geraden Stachl.; Krb. länglkeilf.; Staubb. die Gr. deutlich überragend; Frkn. kahl; Kzpfl. an der Fr. zurückgeschlagen. — Schöne Form! Krb. rosa, auch die Gr. u. Staubb. unterwärts oft röthlich. B. sehr nett, die schneeweisse, weich anzufühlende untere

---

*) Weihe'sche Originalexemplare stimmen zwar nach Focke ziemlich gut überein, doch war die Identität noch nicht ganz festzustellen.

Fläche sehr gegen die dunkelgrüne geglättete Oberseite abstechend.
— Bisher nur Schaffh., E., aber in grosser Menge.

Anmk. In diese Gruppe gehören auch mehrere interessante
Formen od. Arten, die ich jedoch noch weiter beobachten will.
So eine Form mit runden St., unterseits dichtha. B., gefärbten Gr,
dichtha. Frkn. u. aufrechtem Frkelche. — Eine andere hat tief u.
unregelmässig eingeschnittene, zugespitzte B., einen verlängerten
Bthstand, dessen Achse zahlreiche gerade u. wagrecht abstehende
Stachl. u. ungleiche Stieldr. trägt, dichtbeha. Frkn. u. zurückgeschlagene Frkelche. — Auch R. Reuteri Merc. verdient weitere Prüfung.

4. **Subglandulosi.** Stachl. fast gleichf., Stieldr. sehr
sparsam od. fast o. (wenigstens im Bthstande jedoch
nie fehlend!). — Vergl. vor. Gruppe! Mehr eine künstliche Abth., die sich sowohl an die vor. als den zwei folgd.
anschliest.

20. **R. densiflorus** m. Schössling stumpfkantig (braun), beha.;
Stachl. gleichf., am Grunde etwas verbreitert, aber ziemlich kurz,
etwas gekrümmt, Stieldr. u. kleinere Stachl. sehr sparsam od. fast
o.: B. 3zählig (seltener 4—5zähl.), Bchen (gross) beiderseits grün,
unterseits blasser, das Endbchen eif., breit zugespitzt, am
Grunde herzf.; Bthstand dicht, fast geknäuelt, im Umfang
rundl. od. oval, zur Frzeit verlängert aber schmal, Achse u.
deren Verzweigungen ohne abstehende längere Ha.; Krb. länglkeilf.; Staubb. kaum so hoch als die Gr. Frkn. filzig;
Kzpfl. nach dem Verblühen aufrecht, später der Fr. anliegend
(wagrecht) od. theilweise etwas zurückgeschlagen. — Durch den
dicht gedrängten kurzen Bthstand von allen übrigen Arten sehr
ausgezeichnet. Schösslinge etwas bogig, an der Sonnenseite eigenthümlich matt gelbbräunl. angelaufen. B. hell, fast etwas gelbgrün, die Unterseite von dichtstehenden Ha. bisweilen etwas schimmernd. Krb. weiss. Fr. gross, sehr vollkommen ausgebildet, lange
roth bleibend, unschmackhaft. — Schaffh., W. an versch. O., aber
im Ganzen nicht häufig.

21. **R. helveticus** m. Schössling dick, rund od. rundl.-stumpfkantig; Stachl. fast gleichf., schwach, nadelf. od. schmal kegelig,

gerade, aber stets schief geneigt, Stieldr. sehr sparsam, aber viele sitzende Drüsen; B. meist 5zählig, Bchen (sehr gross) beiderseits grün, Endbchen breiteif. od. **fast kreisrundlich, an der Spitze plötzlich in eine ziemlich lange Spitze zsgezogen**, am Grunde herzf., untere Seitenbchen (lateral) deutlich gestielt; **Bthstand rispig, locker**, Achse u. deren Verzweigungen dünn, fast ohne längere abstehende Ha.; Krb. länglkeilf.; Staubb. die Gr. etwas überragend; Frkn. mit langen Ha.; **Kzpfl. an der Fr. zurückgeschlagen.** — Sehr auffallende Form! Der Bthstand gleicht oft täuschend dem von R. silesiacus Wimm, aber die Schösslinge sind verschieden. Die Stachl. des helv. sind schwächer, die untern Seitenbchen deutlich lateral etc. Schösslinge zwischen Gebüsch oft hochbogig, dicht beblättert, am Grunde oft 3''' dick. B. gross, etwas hellgrün; Kr. weiss. Die Fr. bilden sich ausserordentlich vollkommen aus u. bestehen aus **sehr zahlreichen** etwas kleinen Einzelbeerchen. Im Schatten die sterilen St. ziemlich stark beha., an der Sonne fast kahl. — Bisher nur im Wutachthal zw. Unterhallau u. Eberfingen, an einer Stelle in ziemlicher Menge.

22. **R. vestitus** W. u. N.*) Schössling rundl. od. rundlichstumpfkantig, meist **dichtbeha.** mit grössern abstehenden u. kleinern angedrückten (sternf.) Büschelha.; Stachl. fast gleichf., **lang schmal, am Grunde kaum verbreitert, gerade u. meist rechtwinklig vom St. abstehend**, kleinere Stachl. u. Stieldr. meist sehr sparsam od. fast o.; B. meist 5zählig, Bchen **unterseits weiss- od. graufilzig u. überdies von längern Ha. schimmernd, das Endbchen fast rundl.**; Bthstend etwas verlängert, mit langen meist geraden Stachl., Achse und Aeste robust, steif, weit abstehend; Krb. breitvkteif.; Staubb. zahlreich, reichlich so hoch als die Gr.; Kzpfl. an der Fr. zurückgeschlagen. — Eine ausgezeichnete u. jedem Beobachter sogleich auffallende schöne Art, welche meist leicht kenntlich an den fast runden meist dicht abstehendbeha. Schösslingen, den langen geraden schlanken Stachl., den breiten runden B. und der eigenthümlichen Behaarung der Unterseite etc. Die Schösslinge fast

---

*) Stimmt genau überein mit von Banning in Westphalen gesammelten Expl.! Auch die von Sond. u. Godr. beschriebenen Pflzn. sind offenbar dieselben.

stets braunviolett gefärbt, häufig mit zahlreichen sitzenden Drüsen. Bchen sämmtlich gestielt, dicklich, fast rund, vorn stumpf od. mit kurzer aufgesetzter Spitze, oberwärts dunkelgrün, mit od. fast ohne Ha., unterseits meist weiss- od. graufilzig u. zudem mit weissen glänzenden Ha., so dass die Fläche gegen das Licht gehalten schimmert und sammtig, wie weiches Tuch, anzufühlen ist! Stieldr. fehlen wenigstens im Bthstand nie. Bth. gross. Krb. in m. Umgebung stets weiss, breit. Frchn zahlreich, dicht an einander gepresst, eine schöne grosse runde Beere bildend, welche sehr süss schmeckt. Diese Art bildet einen Uebergang von den ungleichstachligen stieldrüsenführenden Arten zu den gleichstachligen stieldrüsenlosen; sie schliest sich auf der einen Seite namentlich nah an bifrons an, wächst aber häufig in Gesellschaft der letztern und ist keineswegs etwa als Schattenform zu betrachten (R - discolor v. villosus Fisch-Oost). Die typische Form (R. lanatus Focke) hat nahezu gleichf. schlanke gerade u. gradabstehende Stachl., wenige oder fast keine Stieldr., u. einen niedrig-bogigen od. fast niedergestreckten sterilen St. Die B. sind nicht selten unterseits grün ohne aber die characteristische plüschartige Behaarung zu verlieren. Selten ist eine grosse Form mit bogig-aufsteigendem dickem (aber ebenfalls rundl.!) Schössling; hiebei sind die Stachl. verhältnissmässig kürzer, am Grunde breiter, schief und mischen sich häufigere kleinere Stachl. und zahlreichere Stieldr. unter. Noch seltner ist eine ganz kleine Form mit dünnem St, fast nadelf. Stachl. u. armbthgen traubenf. Rispe *) Die Sonnenform hat mehr angedrücktbeha. St., dick weissfilzige B. u. etwas gekrümmte Stachl. — Der R. vestitus scheint sehr verbreitet; er wächst in Wäldern gern an schattiger Stellen unter Gesträuch: Schaffh., W. u. E., da u. dort, aber im Ganzen nicht häufig und oft nur vereinzelt; Thurg., ob Kreuzlingen; dann (nach Focke) bei Bern, Thun, Interlaken, Aigle. Er blüht 1. Hälfte Juli.

Hybride des R. vestitus.

Diese Art ist nicht nur vielgestaltig, sondern scheint sich auch mit Arten aus fast allen Gruppen zu liiren. Einige dieser Bastarde

---

*) Eine ähnliche Form erhielt ich von Wirtgen unter dem Namen R. conspicuus sylvaticus P. J. M.

sind nicht immer leicht von gewissen Varietäten der Art selbst zu unterscheiden und erschweren so die Einsicht in den Formenkreis der Art. Die Bastarde erben meist die wollige Behaarung der B., die geraden rechtwinklig abstehenden Stachl. des St. und die langen Stachl. der Rispe. Sie scheinen ziemlich fruchtbar.

19. R. vestitus-rudis m. Schössling kantig, dicht mit gerade abstehenden Ha., **sehr sparsamen Stieldr.** u. **ungleichen Stachl.**, von denen die grössern am Grunde verbreitert u. geneigt od. schwach gekrümmt, aber ziemlich kurz (wie bei rudis) sind. B. 5zählig, Bchen unterseits grün od. nur etwas graulich, aber von dichtstehenden Ha. schimmernd, Endbchen breit eirhombisch. Krb. vkteif.-keilig, blass rosa. Staubb. die Gr. fast etwas überragend. — Eine andere sehr ähnliche Form hat mehr runde Schösslinge, **zahlreiche Stieldr.**(!) u. **mehr gleichf.**(!) aber schwache Stachl. Bthstand bei beiden ziemlich armbthg, mit dichtha. Achse. — Schaffh., W., unter den Eltern.

20. R. vestitus-bifrons m. Schössling stumpfkantig. **Stachl. gleichf.**, etwas kräftig, **am Grunde stark verbreitert, gekrümmt.** Stieldr. selten, Ha. fast wie an einem etwas kahlern vestitus. **Bchen oberseits mit Striegelha.**, unterseits weissfilzig, etwas schimmernd, etwas **zugespitzt**. Staubb. wie bei vestitus, reichlich so hoch als Gr., diese unterwärts rosa. Krb. vkteif., am Grunde verschmälert. Schaffh., W., einmal unter den Eltern. — Eine vielleicht ebenfalls hieher gehörige Form unterscheidet sich durch zahlreichere Stieldr., mehr gerade Stachl., mehr runde krausrandige B. u. häufig beblätterten Bthstand.

21. R. conspicuus (Merc.?) Dem vestitus ebenfalls sehr ähnlich, aber nicht blosse Var., da die typische Form daneben wächst, vielleicht ebenfalls Bastard mit bifrons. Schösslinge etwas bogig aufsteigend, kantig, fast flachseitig, mehr filzig als abstehendha. Stachl. etwas kräftiger, am Grunde etwas verbreitert u. bes. die obern oft etwas gekrümmt. **B. heller, fast gelbgrün**, von dünner Substanz, **Unterseite filzig, weiss od. weissgrau, die characteristische wollige Behaarung fehlt fast ganz** od. ist nur an den bthständigen B. in geringerem Grade vorhanden. Bth satt rosenroth, wodurch die Pflz. schon

von Weitem auffällt. Im Uebrigen mit vestitus übereinstimmend. — Schaffh., an zwei Stellen.

5. Radulae. Stachl. gleichf. Stieldr. sehr zahlreich. Frchen glänzend schwarz. Seitenbchen gestielt. Sternha. fehlen. — Schössling kantig, niedrig-bogig. Stachl. ziemlich kräftig. B. 5—3zählig, unterseits meist schwachfilzig.

23. **R. rudis** W. u. N. Schössling (braun) kantig, fast flachseitig, fast haarlos. Stachl. ziemlich kräftig, fast gleich, kurz, am Grunde verbreitert, schief od. etwas gekrümmt, mittl. Stachl. fehlen gänzlich, aber zahlreiche sehr kurze Stieldr. vorhanden. B. 5—3zählig, Bchen unterseits dünn graufilzig, das endstg. fast rhombisch-längl. od. eilängl., zugespitzt. Bthstand reichbthg, gross, breit, mit verlängerten, dünnen, ausgespreizten Aesten u. Bthstielen, die mit kurzen Stachl. bewehrt sind, aber keine längeren Ha., sondern nur einen sehr kurzen, von den kurzen Stieldr. überragten Filz führen. Krb. klein, vkteif.-längl. Staubb. so hoch als die Gr. Kzpfl. an der Fr. meist wagrecht od. z. Th. zurückgeschlagen. — Eine der constantesten Arten! Sehr leicht kenntlich an der grossen, oben breit abgerundeten Rispe, mit langen dünnen ausgespreizten Aesten u. Bthstielen u. den kleinen stets röthl. Krb. Die Schösslinge niedrig-bogig, stets dunkel braunroth, die Seitenflächen gefurcht-gestreift, so dass sie vertieft erscheinen. Die Stachl. sind so zu sagen nahezu gleich gross, ziemlich kräftig, aber kurz, hart, meist mit gelben Spitzen; neben denselben überaus zahlreiche aber kurze rothe Stieldr.: kleinere Stachl. fehlen ganz.*) B. bald vorherrschend 5-, bald 3zählig, bei den letztern die Seitenbchen stets mit spitzigem Lappen; Indument der Unterseite bald dünn, grünlgrau od. gelblgrau, bald dichter. Bchen nach der Basis häufig etwas keilf. zulaufend od. daselbst abgerundet, im Ganzen selten herzf. Rispe überall mit dichtstehenden, braunrothen, kurzen Stieldr., gross, breit, die Aeste weit abstehend, ver-

---

*) So an typischen Formen; bisw. trifft man aber Formen, welche mehr rundl. Schösslinge zeigen u. vielerlei ungleiche Stachl. aufweisen. Die Diagnosen können sich nur auf normale, wohlausgebildete Expl. beziehen.

längert, meist regelmässig 3-, od. 5-7- u. mehrbthg., die Bthstiele lang, ebenfalls ausgespreizt; der Gesammtbthstand übergeneigt. Krb. klein, von einander entfernt, stets röthl. Fr. glänzend schwarz. frühzeitig sich schwarz färbend, reif von aromatischem Geschmack, nicht selten hoch, fast etwas kegelig. — Scheint bes. im Westen u. Süden Europa's sehr verbreitet zu sein.*) Im C. Schaffh. ist er in allen Wäldern sehr häufig, gern in kleinern Trupps; ferner sah ich ihn bei Zürich u. Constanz. Blüht Ende Juni, mit der Mehrzahl der Arten.

Anmk. Auffallende, mit rudis irgendwie verwandte, aber noch näher zu beobachtende Formen sind: 1) R. rudis v. (?) myriacantha. Bthstand unregelm., zsgezogen, beblättert, die Bth. z. Th. fast geknäuelt, Achse u. deren Verzweigungen von äusserst zahlreichen, sehr langen, dünnen, wagrecht abstehenden, od. etwas rückwärts geneigten (am Grunde purpurrothen, oberwärts gelben) Stachl. starrend. Am stumpfkantigen Schössling die Stachl. von sehr verschiedener Grösse, die grössern lang, schlank, gekrümmt. Bchen am Grunde herzf. ausgeschnitten. Krb. weiss. Schaffh, einmal. — 2) Eine kleinere Form mit schlankem. gefurcht-kantigem St., weniger umfangreicher Rispe u. mit Stieldr., welche sowohl am Schössling als im Bthstande äusserst kurz sind u. eher sitzenden Drüsen gleichen. — 3) Eine andere entfernt sich noch mehr von rudis durch niedrigeren Wuchs, mehr gerundeten beha. St., schlanke gerade Stachl., schmale lange Rispe; Stieldr. ebenfalls sehr verkürzt, im Bthstande kaum den Filz durchbrechend. Diese nähert sich den Glandulosen.

Hybride des R. rudis.

21. **R. rudis-piletostachys** m. Dem R. piletostachys ähnlich, aber Schössling spärlicher beha., Stachl. sehr zahlreich, von sehr verschiedener Grösse, die grössern lang, gerade, alle, auch die kleinsten, am äussersten Grunde sehr verbreitert, mit häufigen Stieldr., von welchen die grössern wie die Stachl. am Grunde, breit aufsitzen. B. denen des pilet. ähnlich, aber Unter-

---

*) Dieselbe Pflz. erhielt ich von Wirtgen u. aus der südwestl. Schweiz. dagegen scheinen die Norddeutschen diese Art in Formen von radula zu suchen; Auch was ich aus Westphalen erhielt, ist nicht unser rudis, sondern eher radula.

seite kahler, Nerven weniger vortretend, daher ebener. Bthstand armbthg, sehr gedrängt, schmal, die Aeste sehr kurz, kaum länger als eine Blüthe, selbst wenn sie ästig (2—3bthg) sind. Schaffh., einmal neben den Eltern.

24. **R. radula W. u. N.** Ist zwar von R. rudis unzweifelhaft verschieden (wächst auch in dessen Gesellschaft), steht ihm aber sehr nahe, namentlich sind die Schösslinge u. B. kaum zu unterscheiden, doch sind die Stachl. öfter etwas länger u. mehr gerade, auch die Stieldr. etwas ungleicher u. zahlreichere Ha. vorhanden. Der Bthstand ist im Ganzen nicht so reichbthg, jedenfalls gedrängter, schmäler, deren Verzweigungen weniger schlank u. nicht so sperrig, die Achse mit längern, geraden Stachl. u. dichtstehenden, die Stieldr. theilweise überragenden Ha. Krb. länglvkteif., weiss oder sehr blass rosa, grösser. Staubb. die Gr. weit überragend. Kzpfl. an der Fr. zurückgeschlagen. — Schaffh., W. u. E., aber selten.

Anmk. Die Gruppe Radulae steht genau in der Mitte zw. den Glandulosen u der folgd. Gruppe. Es kommen aber Formen vor, welche ausser den grössern Stachl. noch mittl. führen u. so gleichsam einen Uebergang zu den Glandulosen bewerkstelligen. Möglicherweise sind dies hybride Mittelformen. Eine solche Form, die ich mit Grund nicht von 2 andern ableiten kann, die übrigens sehr vollkommen ausgebildete Fr. hervorbringt u. auch sonst sehr ausgezeichnet ist, fand ich am Zürichberg bei Zürich. Ich bezeichne sie als:

25. **R. psilocarpos ad int.** Schössling stumpfkantig, etwas bereift. Stachl. zahlreich, von sehr verschiedener Grösse, aber fast alle, auch die kleinsten, mit sehr verdickter Basis aufsitzend, die grössern bisw. ziemlich gleichf., kräftig, gerade; Stieldr. ziemlich sparsam, Ha. fast o., bald ziemlich reichlich. B. 5—3zählig, Bchen unterseits graufilzig bis gleichfarbig, das endstg. fast kreisrundl., am Grunde herzf., mit kurzer, meist aufgesetzter Spitze. Bthstand unterbrochen, Aeste lang, aufrecht-abstehend, an der Spitze trugdoldig. 3 bis mehrbthg, mit einfachen B. gestützt: Achse u. deren Verzweigungen steif, reichlich mit Stieldr., Filz, abstehenden Ha. u. langen, schlanken, purpurbraunen, gelbbespritzten, herabgekrümmten Stachl., die bes. unter den K.

oft dicht stehen. Krb. vktcif., rosa. Staubb. so hoch als die Gr. Kzpfl. weissfilzig, zierlich mit purpurrothen Stachl. u. Stieldr. besetzt, an der Fr. aufrecht zsschliessend. Frkn. dicht- u. langweisszottig. Frchen auch bei der Reife an der Spitze noch mit einem Schopf von Ha. Ob vielleicht ein Bastard von rudis mit einer der oben erwähnten, dem Bellardi nahe stehenden Glandulosen?

6. **Homocacanthi.** Stachl. gleichf. Stieldr. fehlen gänzlich (nur bei R. piletostachys sehr spärlich vorhanden). Frchen glänzend schwarz. Sternha. o. Seitenbchen deutlich gestielt (nur bei R. fruticosus fast sitzend).

§ Schössling mehr od. weniger reichlich mit (wenigstens z. Th. abstehenden) Büschelha. (nie ganz kahl). B. 5—3zählig, oberseits meist mit (bisw. sehr spärlichen) Striegelha.

† Schössling niedrig-bogig. B. 5—3zählig, Seitenbchen oft lateral.

25. **R. piletostachys** Gren. u. Godr. Schössling niedrig-bogig, kantig od. stumpfkantig, dicht mit abstehenden Büschelha., unter denen einzelne gestielte Drüsen: Stachl. gleichf., gerade od. wenig gekrümmt: B. 3—5zählig, Bchen beiderseits grün, Endbchen eilängl., lang u. breit zugespitzt, seitl. lateral: Bthstand schmal, bisw. verlängert u. dann mehrere od. viele entfernte bwinkelstgen Aeste; die Achse hin- u. hergebogen, mit feinen geraden Stachl.: Krb. länglvkteif.-keilig, leicht abfallend: Staubb. etwa so hoch als die Gr.: Frkn. kahl; Kzpfl. an der Fr. zurückgeschlagen. — Eine ausgezeichnete Art! Meist kleiner als die folgde. Schösslinge an der Sonnenseite oft schmutzig bräunli. B. trübgrün, oft vorherrschend 3zählig, unterseits bisweilen etwas graulich, aber nicht eigentlich filzig, mit hervortretenden Nerven. Krb. verbogen, weisslich. Grössere Expl. haben etwas aufsteigende St. u. lange schmale, zur Frzeit überhängende Rispen. — Schaffh., W. an vielen O.; Constanz; gewiss noch vielfach anderwärts (R. vulgaris-Fischer-Ooster?)

Anmk. Verwandt scheint R. sylvaticus W. u. N., welche aber „central entspringende Seitenblattstielchen u. durch lange Ha. filzige Frkn." besitzt.

26. **R. macrophyllus W. u. N.** Schössling niedrig-bogig od. fast gestreckt, kantig, flachseitg., mit filzig verworrenen, grössern und kleinern Büschelha.; Stachl. gleichf., nicht sehr kräftig, gerade, Stieldr. o.; B. 5zählig, Bchen unterseits grau od. weissfilzig, oberseits meist mit zerstreuten Striegelha., Endbchen eirhombisch, meist mit breiter aber kurzer Spitze, seltener kurz zugespitzt, untere Seitenbchen häufig lateral u. mit Uebergängen zu 4- und 3zähligen B.; Bthstand etwas verlängert, locker, rispig, die Aeste weit abstehend, 3gablig mit ausgesperrten Stielen u. sehr schwachen oft fast fehlenden Stachl.; Krb. vkteif., am Grunde verschmälert; Staubb. die Gr. weit überragend; Frkn. kahl; Kzpfl. an der Fr. zurückgeschlagen. — Von piletost. zu unterscheiden: Schösslinge regelmässig flachseitig, fast filzig, bes. oberwärts fast ohne abstehende grössere Büschelha., Bchen weniger zugespitzt, unterseits stets weissgraufilzig, Rispenäste länger, daher die Inflorescenz breiter; Stieldr. fehlen. Die Bth. sind nicht unähnlich, die Staubb. aber entschieden länger, die Krb. breiter. Die Schösslinge sind trotz ihrer Stärke häufig fast ganz auf dem Boden niedergestreckt, wie auch die fruchttragenden Rispen da, wo sich die Pflz. nicht am Gesträuch halten kann, oft auf dem Boden liegen. Stachl. verhältnissmässig schwach. B. gross, an sonnigern Stellen fast lederig, im Schatten auffallend weich, schlaff, in letzterem Falle auch der Filz lockerer u. sammtig, weich, aber immer noch grau (die Unterseite niemals grün). Untere Seitenbchen oft kurz, bisw. kaum länger als an fruticosus, gestielt. Bthstand weichzottig. Krb. weisslich, leicht abfallend. Kleine Expl. gleichen oft täuschend, bes. in den Schösslingsspitzen u. dem Schnitt der B., der Bastardform R. tomentosus-vestitus, lassen sich aber sogleich durch den Mangel der Stieldr. u. die weniger straffe, fast wehrlose Rispe unterscheiden. — C. Schaffh., W., an mehr. O., aber nicht zahlreich; Constanz.

Anmk. Der R. vulgaris W. u. N. hat mehr gefurchte, schwächer beha., nie filzige St., grüne B. etc. u. kommt bei uns schwerlich vor.

†† Schössling meist hochbogig. B. 5zählig, Bchen central.

27. **R. discolor W. u. N. nach Focke.** (R. rhamnifolius Excfl.) Schössling hoch-bogig (doch auch niedriger) kantiggefurcht, mit zerstreuten Büschelha. bis fast kahl; Stachl. gleichf., kräftig, bald gerade, bald gekrümmt: Stieldr. o.; B. 5zählig, Bchen unterseits weissfilzig, oberseits mit (bisw. sehr vereinzelten) Striegelha., am Rande unregelm. gezähnt, Endbchen im Umriss fast rundl., ohne od. mit kurzer Spitze, seitl. central; Bthstand bald ziemlich kurz, bald mehr verlängert, die Aeste abstehend, wie der Endtheil der Rispe fast doldentraubig: Krb. breit, rundlcif.; Staubb. aufrecht, die Gr. weit überragend; Frkn. kahl od. mit zerstreuten langen Ha.; Kzpfl. an der Fr. zurückgeschlagen. — Eine der grössern u. stärkern Arten, welche gewissermassen sich dem argenteus nähert. Sterile St. stark, meist einfach, oft sehr hoch steigend, aber auch niedriger u dann wie es scheint etwas stärker beha. (?) Filz der Blattunterseite getrocknet oft etwas in's Gelblichgraue ziehend. Die Rispe etwas plump, die Aeste oft geknäueltbthg. Die Stachl. der Rispe oft auffallend breit u. sehr hackig. Von bifrons ist sie leicht zu unterscheiden durch den höhern, einfachen u. stärkern St., die centralen oberseits oft sparsam beha., stets 5zähligen B. etc. Näher verwandt scheint sie mit dem norddeutschen R. villicaulis Köhl. — „Der R. discolor der Franzosen scheint, wenigstens theilweise, unser R. amoenus (rusticanus Merc.*): diese Art aber wächst wie es scheint, nicht in der Rheinprovinz (fehlt wenigstens in Wirtg. herb. rub. rhen.), während nach W. u. N. der R. discolor bei Bonn die gemeinste Art sein soll. Die Abbild. der Rubi germ. stellt unsere Pflz. ziemlich gut dar, aber die Beschreibung ist ungenügend." Focke. — In Hecken, an Waldrändern: Schaffh, nicht gerade häufig; Zür.: Waa., Aigle. Focke.

Anmk. Der R. villicaulis Köhl. zeichnet sich aus durch die mit zahlreichen langen, gekrümmten Stachl. bewehrte Rispe. — R. rhamnifolius W. u. N. hat eine verlängerte, nach oben spitz

---

*) R. discolor Merc. gehört vielleicht zu bifrons, doch erwähnt der Autor der auffallenden folia pedato-quinata nicht. Merc. ertheilt seinem discolor einen flachseitigen, dem rusticanus (amoenus) einen gefurcht-kantigen St.; ein Merkmal, das gerade bei bifrons sehr veränderlich ist

zulaufende Rispe, zahlreiche lange Stachl., fast kahlen Schössling
u. möchte ein Bastard sein.

§§ **Schössling ausgewachsen anscheinend kahl,
nämlich fast nur mit kleinen angedrückten Büschelha. (Sternha.). B. oberseits kahl, unterseits
weissfilzig.**

28. **R. bifrons** Vest. (R. macroacanthos Wirtg.? R. speciosus P. J. Müll.? R. discolor Excfl. R. albatus Bayer nach Focke). Schössling niedrig-bogig (od. etwas aufsteigend), meist stumpfkantig, mit ebenen od. gewölbten, selten etwas vertieften Seiten, nicht selten fast rundl., anscheinend kahl, nämlich ausgewachsen fast nur mit kleinen angedrückten Büschelha., grössere abstehende Ha. sehr sparsam; Stachl. kräftig, gerade od. mehr od. weniger gekrümmt; Stieldr. o.: B. 5—3zählig. Beben langgestielt, oberseits kahl,*) dunkelgrün, unterseits weissfilzig, am Rande klein gezähnt, das endstg. rundlvkteif., plötzlich in eine kurze Spitze zsgezogen, die untern Seitenbchen stets deutlich an den Stielen der mittl. angewachsen; Rispe verlängert, mit steifen, wagrecht ausgespreizten, regelmässig 3gablig verzweigten Aesten. Krb. vkteif.: Staubb. die Gr. weit überragend: Frkn. mit zerstreuten langen Ha.: Kzpfl. an der Fr. zurückgeschlagen. — Scheint eine grosse Verbreitung zu besitzen **) u. ist eine der constantesten Arten. Leicht kenntlich an den, oberflächlich betrachtet, kahlen St., den sehr deutlich lateralen Seitenbchen u. den sperrig-abstehenden Rispenästen. Die Schösslinge bald stumpfkantig od. fast stielrund, bald kantig mit ebenen, sogar gegen die Spitze etwas gerinnten Seitenflächen, oft ästig, meist intensiv rothbraun gefärbt, fast etwas bereift, matt, beim Trocknen oft bleigrau anlaufend (die Oberhaut durch das Zusammenschrumpfen sich in weisslichen Schülferchen ablösend!)

---

*) Nämlich keine einfachen Ha. (Striegelha.), dagegen finden sich kleine Büschelha., welche vom Bstiel auf die stärkeren Nerven des B. übergehen. — Das Merkmal von den oberseits kahlen Bchen ist, wenn auch nicht ohne Ausnahme, doch (bei dieser u. andern Arten) ziemlich constant u. lassen sich danach namentlich im Freien, oft sofort manche ähnliche Bastardformen unterscheiden. Man untersuche aber die B aus dem mittl. Theil des Schösslings blühender Expl., die der Blthzweige sind fast bei allen Arten oberseits behaart.; vergl. auch Einl.!

**) In Oesterreich, Baiern (Augsburg, Caflisch.)

Stachl. kräftig, am Grunde verbreitert, bald gearde u. rechtwinklig abstehend, bald gekrümmt, an den Bstielen krallenf. B. häufig mit Uebergängen zu 3zähligen B., die man denn auch nicht selten, an schwächern St. sogar vorherrschend findet: an den 5zähligen die untern Seitenbchen stets deutlich lateral; die Unterseite weiss mit netzig vortretenden Adern, aber ohne längere Ha., daher härtlich anzufühlen. Bthzweige ausser dem Filz noch mit längern (schon mit unbewaffnetem Auge sichtbaren) Ha. Krb. stets hellröthlich. Fr. wenig schmackhaft. — Die Schattenform hat schwächere gerade Stachl. u. B., die oberseits vereinzelte Ha. führen. — Liebt sonnenreiche Stellen, daher bes. an Hecken, Weinbergen, Wegen, aber auch in Wäldern: Schaffh., eine der häufigsten Brombeeren; Zürich; Constanz. Blüht ziemlich spät, erste Hälfte Juli.

29. **R. amoenus Portenschl.** (R. rusticanus Merc. R. discolor d. Franz.) Schössling hochbogig, kantig, gegen die Spitze gefurcht, deutlich blau bereift, mit zahlreichen kleinen sternf. Ha., welche oft gleich einem mehlartigen Ueberzug die St. bedecken: Bchen 5zählig, central; Staubb. etwa so hoch als die Gr.: Frkn. zottig, sonst wie vor. Bthzweige sternha.-filzig, fast ohne anderweitige längere abstehende Ha. Obwohl ich diese Art nur aus getrockneten Expl. kenne, nehme ich doch keinen Anstand, sie als gute Species zu bezeichnen. Hinsichtlich ihrer Nomenclatur bemerkt Hr. Dr. Focke folgendes:

„Durch von Portenschlag im J. 1818 in Dalmatien entdeckt u. unter dem Namen R. amoenus versandt, durch Trattinnik i. J. 1823 als R. fruticosus dalmatinus sehr mangelhaft beschrieben, durch Tenore u. Gussone unter dem Namen R. dalmaticus Tratt. mehrfach aufgeführt. Eine vortreffliche Beschreibung lieferte Gussone in der Fl. Sic., „ut melius innotescat," wie er hinzufügt. Da aber Trattinnik gar keinen R. dalmaticus aufgestellt, sondern nur eine rothblühende dalmatische Abänderung seines R. fruticosus beschrieben hat, so scheint es mir angemessen, statt des Namens R. dalmaticus die ursprüngliche Portenschlag'sche Benennung, R. amoenus, zu substituiren. Der Entdecker, den ein früher Tod dahin raffte, kam nicht dazu, die Pflz. in seiner projektirten Flora Dalmatiens zu beschreiben. Sollte man jedoch streng darauf bestehen wollen, dass nur ein mit

genügender Diagnose publicirter Name Gültigkeit hat, so würde
die Pflanze R. rusticanus Merc. heissen müssen. Da aber diese Benennung eben so wenig eingebürgert ist, wie die Portenschlag's,
so scheint es mir eine Pflicht der Gerechtigkeit zu sein, den Namen des eigentlichen Entdeckers der Art zu bevorzugen, zumal
er einfach und wohlklingend ist. Willkomm's R. hispanicus
ist vom Autor selbst zurückgenommen." Focke. — Scheint durch
einen grossen Theil des südl. u. westl. Europa's verbreitet zu sein.
Unterwall., Waa., Genf, bis circa 800 Meter. Focke. Um Genf
nach Merc. eine der gemeinsten.*)

Anmk. Die Pollenkörner sind nach Focke alle völlig gleich-
artig, klein, u. lässt sich die Art schon dadurch von den meisten
Verwandten (bifrons?) unterscheiden, u. verräth sich jede hybride
Einwirkung sofort im Pollen, indem sich verkümmerte beimischen.
Nach Focke findet sich eine Bastardform R. amoenus-caesius
(wozu wahrscheinlich R. patens Merc.) nicht selten u. zwar
eine f. major fl. albo u. eine f. minor fl. rubro.

Anmk. In diese Gruppe gehört auch R. sphenoides Focke
(R. cuneifolius Merc. nicht Pursh.), von dem ich ein Expl. vom
Südabhang des Salève unweit Monnetier, von Dr. Focke gesammelt,
besitze. Die Pflz. erinnert in den Merkmalen an R. amoenus,
gleicht aber sonst mehr gewissen Formen des tomentosus, bildet
aber sonst unzweifelhaft eine gute Art. Die Schösslinge sind dicht
mit angedrückten kleinen sternf. Ha. bekleidet, die Stachl. krumm,
die Bchen schmal, der Bthstand verlängert, gedrungen, vielbthg.
mit breiten hakigen Stachl., die Staubb. (nach getrockn. Expl. zu
urtheilen) so hoch od. kaum höher als die Gr.; die Frkn. weissfilzig (die von tomentosus u. candicans sind kahl).

§§§ Schössling (hochbogig) kahl od. sehr zerstreut
büschelha. Bchen 5zählig, central, oberseits
kahl, unterseits weissfilzig.

30. **R. argenteus W. u. N.** (R. pubescens W. u. N.**)
Schössling hochbogig, kantig gefurcht, kahl: Stachl. gleichf., kräf-

---

*) Ersetzt vielleicht im westl. Geb. den R. bifrons.
**) Nach einem von Focke bei Minden gesammelten Expl. zu urtheilen,
schwerlich verschieden.

tig, Stieldr. o; B. 5zählig, Bchen central, oberseits kahl (od. nur die jüngern mit vereinzelten Striegelha.), unterseits weissfilzig, Endbchen eilängl., zugespitzt; Bthstand im Aufblühen verlängert, straussf., etwas pyramidal (d. i. unterwärts breiter, nach oben spitz zulaufend) u. unterwärts mehr oder weniger hoch beblättert; Krb. länglvkteif., am Grunde verschmälert; Staubb. die Gr. weit überragend (auch bei voller Blüthe, wenn sie ausgebreitet sind!); Frkn. kahl; Kzpfl. an der Fr. zurückgeschlagen. — Eine der grössten Arten! Schösslinge nicht selten 12—15—20' lang. Bthstand im Aufblühen mit unregelmässig verzweigten Aesten, später verlängert, die Aeste u. Bthstiele strecken sich, die Verästlung erscheint regelmässiger, Aeste aufrecht-abstehend. — In Wäldern: Schaffh., nicht selten, Thurg., Zür.

Anmerk. Ist ohne Zweifel R. thyrsoideus einiger Aut.

24. R. argenteus-fruticosus m. B. beiderseits grün (nur die jüngern unterseits graufilzig), oberseits mit Striegelha. Bthstand ziemlich armblthg, rispig oder einfach-traubig, Achse mit auffallend kleinen hakig gekrümmten Stachl. Staubb. die Gr. wenig-, aber doch deutlich überragend. Schaffh., E. einmal neben argent.

31. **R. candicans (Weihe) Rchb.** R. thyrsoideus Wimm.) Schössling hochbogig (anfangs fast aufrecht), kantig, kahl; Stachl. gleichf., Stieldr. o; B. 5zählig, Bchen central, unterseits weiss od. graufilzig, oberseits kahl, Endbchen eilängl. zugespitzt; Bthstand steif, verlängert, gleichbreit, meist blattlos, bei geringerer Entwicklung einfach-traubig, sehr schmal, meist aber rispig, die Aeste 3gablig, aufrecht-abstehend; Krb. vkteif; Staubb. anfangs die Gr. überragend, dann stark ausgebreitet, die Enden derselben mit den Gr. in gleicher Höhe stehend; Frkn. kahl; Kzpfl. ganz filzig, an der Fr. zurückgeschlagen — Eine ausgezeichnete leicht kenntliche Art! Die Schösslinge anfangs fast aufrecht, später aber ebenfalls bogig überhängend, wie es scheint aber nicht immer mit der Spitze im Boden wurzelschlagend. Bchen unterseits, bes. gegen den Herbst, nicht selten nur dünnfilzig od. fast grün (an den jüngern B., d. i. an den B. der Schösslingsspitzen und den obersten der Blthzweige ist der Filz fast immer noch vorhanden!). Expl. mit fast concoloren B.

u. traubiger Inflorescenz unterscheiden sich übrigens von folgd. Art leicht durch viel schmälere Bchen (bes. die jüngern an den Spitzen des Schösslings sind auffallend schmal!), ganz filzige K. u. deutlicher gestielte untere Seitenbchen. In m. Umgebung häufig eine kleinere Form, mit flachseitigem armstachligen St. und meist einfach-traubiger schmaler Inflorescenz. — „Weihe versandte diese Pflanze unter dem Namen candicans, gab aber nirgends eine Beschreibung derselben und glaubte später den echten R. fruticosus L. in ihr zu erkennen. Unter diesem Namen erschien sie auch in der Monographie von W. u. N. Nachdem man aber eingesehen hatte, dass diese Identificirung mit Linné's R. fruticosus unrichtig sei, musste der betreffenden Art ein eigener Name gegeben werden. Reichenbach nahm in der 1830 — 32 erschienenen Fl. germ. exc. den ehmaligen Weihe'schen Namen an; Wimmer machte in seiner 1832 publicirten Fl. v. Schles. den R. thyrsoideus daraus. Nach den Regeln der Nomenclatur ist es somit geboten, die Weihe-Reichenbach'sche Benennung vorzuziehen, sofern nicht etwa nachgewiesen werden kann, dass Wimmers Werk früher erschien als die Abth. der Fl. germ. exc., welche die Rubi enthält" Focke. In Wäldern, bes. an lichtern Stellen: Schaffh., Thurg., Zür.! Bei Thun, Focke.

Anmerk. Eine in der Tracht, den schmalen Bchen u. dem schmalem Bthstand an candicans erinnernde Form, aber durch stark beha., fast filzige St., krumme Stachl., Sternha. auf den jungen B. etc. verschieden, bezeichnet Focke als R. elatior. Bei Augsburg, Caflisch; vielleicht auch bei uns zu finden. Vergl. R. tumidus.

25. **R. discolor - candicans?** Schössling niedrig-bogig, kantig, fast kahl. Stachl. aus stark verbreitetem Grunde plötzlich in eine krumme schiefe Spitze übergehend. B. 5zählig, Bchen central, oberseits kahl. Rispe reichblthg., verlängert, gedrängt, Achse fast wehrlos, Aeste weit abstehend. Staubb. anfänglich kaum so hoch als Gr., später von denselben abstehend u deutlich etwas kürzer. Bth. nicht gross, weiss, Krb. vkteif. Kh. fast ohne Spitze. Schaffh., E. nur einmal.

§§§§ Schössling (hochbogig) ganz kahl (od höchstens an der Spitze in der Jugend mit „einfachen Ha."). B. 5zählig, central, unterseits grün, oberseits mit Striegelha., die untern Seitenbchen fast sitzend.

32. **R. fruticosus L. nach Arrh. u. Fr.** *) R. plicatus W. u. N. mit Einschluss von R. nitidus u. R. affinis. R. fastigiatus Merc.) Schössling hochbogig, kantig-gefurcht (unbereift); Stachl. gleichf, kräftig, gerade od. meist etwas gekrümmt, Stieldr. o., B. meist 5zählig, Bchen unterseits grün, oberseits mit zerstreuten Striegelha., das endstge breiteif., mehr oder weniger plötzlich zugespitzt, die untern Seitenbchen fast sitzend; Bthstand (typisch) einfach-traubig, etwas verlängert: Staubb. etwa so hoch als die Gr.; K.zpfl. grün, am Rande weisslichfilzig-gesäumt, an der Fr. zurückgeschlagen. — Eine Art, die schon früh auffiel; die beiderseits grünen B in Verbindung mit dem ausgewachsen völlig kahlen Schössling unterscheiden sie von allen übrigen gleichstachligen stieldrüsenlosen Arten (von dem sehr ähnlichen Bastard R. suberectus s. die Unterschiede bei diesem!). Das Endbchen ist, bes. im Vergleich mit candicans, breit, meist rasch in eine kurze, seltner längere Spitze ausgezogen. Bthstände traubig d. i. die Aeste 1bthg., nur ausnahmsweise einer der untern Aeste mit einer Seitenblüthe. Aestige Bthtrauben (Aeste trugdoldig 2-, 3-, 4bthg., die untern z. Th. in den Winkeln von Lanbb.) u. unterseits zugleich schwach graufilzige B. fand ich mehrfach an spätblühenden Expl. Die Form affinis W. u. N. mit ästigem, weitschweifigem oft durchblättertem Bthstande wurde bei uns noch nicht gefunden. Diese Art scheint überhaupt bei uns weniger formenreich sich zu entwickeln als in Norddeutschland, wo die Pflz. zu den gemeinsten Brombeeren gehört. Bei der Schaffh. Form fand ich die B. stets, auch in der Jugend, eben (nicht faltig-runzlig). — In Wäldern, im Ganzen wie es scheint nicht häufig und in manchen Gegenden mehr vereinzelt (nach God. im C. Neubg. ganz fehlend!) Schaffh. an versch. Stellen; Constanz ob Kreuzlingen u. (bad. Seits) beim Fürstenberg.

---

*) Der Name fruticosus muss beibehalten werden, so gut als Ranunculus aquatilis, obgleich er wenig bezeichnend ist.

26. **R. fruticosus-Idaeus** Lasch. (R. suberectus Anders. R. fastigiatus Excfl.*) Dem R. fruticosus sehr ähnlich, zu unterscheiden: Schössling unterwärts rundl., oberwärts stumpfkantig, oft (bes. unterwärts) bereift. Stachl. alle klein, kegelf., stets gerade, schwarzviolett. B. 3-, 5-, 7zählig. Bthstand meist kurz u. armbthg, oft gegen das Ende des St. gehäuft, bisw. aber auch reichbthg, nicht selten durchblättert, auch aus den untern Bwinkeln 2- 3blüthige Aeste: die Bthstände stehen in horizontaler Richtung vom St. ab u. liegen so fast zweizeilig in einer Ebene (bei frutic. stehen sie zu beiden Seiten des St. schief aufrecht). Fr. lange roth bleibend od. auch bei voller Reife noch roth. Uebrigens genau wie frutic. u. demselben so ähnlich, dass sie von Vielen als blosse Var. mit demselben verbunden wurde. — Marsson, Bayer, Wirtgen u. A. sprechen sich entschieden gegen die Hybridität der Pflz. aus; ich bin im Gegentheil durch meine Beobachtungen völlig überzeugt worden, dass sie ein Bastard ist. Es sprechen nämlich für die Annahme eines Bastardes: 1) der Reif: ich beobachtete denselben besonders deutlich an einer lichten Waldstelle auf einem Hügel nördl. ob dem Bad Haslach, wo die Pflz. in ziemlicher Menge unter fruticosus und Idaeus vorkommt, u. zwar war der sterile St. zur Zeit der Blüthe unterwärts stark bläulich bereift, oberwärts reiflos, glänzend!! Im Schatten gewachsene Expl. sind sonst schwächer bereift und zeigen nur noch einen schwachen farblosen Anhauch; 2) der fast aufrechte Schössling, der 3) unterwärts rundl. und gegen die Spitze kantiger ist; 4) die kleinen geraden stets schwarzvioletten Stachl., die unwillkürlich an die der Himbeere erinnern: sie sind zwar gegen die Basis oft viel zahlreicher (u. dabei manchmal fast auf kurze schwarzroth gefärbte kegelf. Höckerchen reducirt), doch kommt diess auch bei vielen andern Arten vor, würde aber nur für den Bastard sprechen, da auch bei der Himbeere die Stachl. unterwärts zahlreicher sind und nach oben abnehmen; 5) die häufig vorkommenden 7zähligen B.; sie entstehen dadurch,

---

*) Weihe scheint unter diesem Namen die Pflz. mit einer Form der vor. Art verwechselt zu haben; die Abbild. zeigt den Bthstand von suberectus u. den Schössling von frutic. — R. fastigiatus Wirtg. ist nach Focke eine Form von frut. mit lang zugespizten ebenen Bchen.

dass sich das Endbchen in 3 einzelne Bchen theilt (von den B. der Himbeere unterscheiden sich diese B. dadurch, dass die beiden untern Paare der Bchen sich kreuzen und die 2 mittlern gestielt, das endstge aber sitzend ist; bei R. Idaeus sind die Seitenbchen alle sitzend, das endstg. gestielt, doch fand ich auch einzelne 3zählige B. an der Himbeere, an denen das mittlere Bchen ebenfalls sitzend war u. kommen nach Dr. Focke auch 5zählig-gefingerte B. am Grunde kräftiger Triebe vor), was oft nur unvollkommen stattfindet; dergleichen B. beobachtet man zwar auch bei üppigen Formen andrer Arten, doch selten und nur ausnahmsweise; hier, bei R. suber., finden sie sich, namentlich an stärkern Expl., nicht selten; 6) die häufig vorkommenden 3 zähligen B.: sie kommen namentlich an schwächern Expl. vor und bekanntlich auch an kleinern Individuen der Himbeere; 7) die grössere Kahlheit der B. (R. glabratus Custer bei Hcg.?); 8) die eigenthümlichen Bthstände und bes. auch ihre horizontale Richtung; 9) die lange rothbleibende oder selbst bei völliger Reife rothe Fr., die ganz entschieden im Geschmacke an die Himbeeren erinnern! 10) das Consortium: ich fand sie fast stets in Gesellschaft der beiden Stammarten (dagegen sah ich sie nicht im Walde E., wo sich fruticosus blos in 1 Expl. fand), dass der Bastard, wie z. B. auch in m. Umgebung, selbst ziemlich viel häufiger ist als frutic., ist auffallend, beweist aber nicht gegen die Hybridität, da sich bekanntlich viele Bastardformen stärker auf vegetativem Wege vermehren als ihre Eltern; 11) die theilweise mangelnde Fruchtbarkeit; die Fr. bilden sich an manchen Sträuchern anfangs zwar ziemlich reichlich und gut aus, vertrocknen aber bei beginnender Färbung od. sie bleiben immer roth, hart, sauer; vollkommen ausgebildete reife Fr. (die ich in meiner Umgehung durchaus nur rothbraun beobachtete!) finden sich im Ganzen nicht häufig; nach m. Beobachtungen noch am ehesten im Schatten; 12) die Bthzeit: diese spricht ganz entschieden zu Gunsten der Hybriden: Idaeus blüht nämlich vor allen andern Brombeeren, frutic. merklich später, suberect. nun blüht später als die Himbeere, aber früher als frut. — Auffallend ist nur, dass der Filz der Himbeere dem Bastard gänzlich mangelt und dass auch die Bth. (Kronb., Staubb., Frkn.) gänzlich denen von frut.

gleichen. — Nach Focke stimmen m. Expl. genau mit norddeutschen, russischen etc.: indess sollen die B. nach Einigen bei sub. mehr zugespitzt sein als an frutic., was bei meiner Pflz. nicht der Fall ist; ferner sollen die Staubb. des Bastards länger sein als bei frutic., auch darin weicht m. Pflz. ab. Endlich sollen die Fr. in andern Gegenden zuletzt schwarz werden, während sie hier bei völliger Reife rothbraun sind. Es wird nun noch darauf ankommen, den Beweis der Hybridität durch das Experiment beizubringen, indessen hat Hr. Focke die Pflz. unverändert aus Samen erhalten, so dass sie wenigstens eine constante Raçe bildet. — Bei Interlaken, Focke; Schaffh., W., an verschiedenen Stellen, bald einzeln, bald in grösserer Anzahl, im Ganzen merklich häufiger als frutic.: bei Constanz, im Walde ob Kreuzlingen u. (bad. Seite) auf dem Heidelmoos; ohne Zweifel noch an vielen O.

Anmk. In die 6. Gruppe gehören noch folgde Formen, die entweder gute Arten oder ausgezeichnete Hybride darstellen. Ich kenne sie jedoch nur aus getrockn. Expl.

1) R. sabaudus Focke (R. elongatus Merc. nicht Sm. R. Mercierii Focke früher). Schössling fast kahl, nur mit sehr zerstreuten Büschelha. Bchen oberseits kahl, unterseits weissfilzig, schmal, länglvkteif., kurz zugespitzt, am Grunde verschmälert, die untern Seitenbchen central, deutlich, aber kurz gestielt. Rispe verlängert, unterbrochen. Staubb. so hoch als die Gr. Frkn. kahl. Steht also dem candicans nahe. Nach Focke sind die Pollen sehr arm an normalen Körnern u. ist die Pflz. vielleicht ein Bastard von sphenoides. Bei Monnetier am Salève, Focke

2) R. collinus DC. S. Merc. Rub. genev. u. Excfl. Die Bchen sind oberseits graufilzig, die Behaarung ähnlich wie bei tomentosus canescens, das Endbchen breit eirhomb., die untern Seitenbchen fast sitzend, die Bstiele nicht rinnig; Stacheln stark, breit, gekrümmt.

3) R. Mercierii Genevr. (R. spectabilis Merc. nicht Pursh.) Nach einer Mitth. von Rapin ist diese Art um Genf gemein u. kommt auch bei Payerne vor.

II. Zusätze und Berichtigungen zur Excursionsflora.

65.*) **Thalictrum alpinum.** Südöstl. Graub., Col Joata. Buffalora Pass, Lac da Rims, Münsterthal, Mr.: Wall.?

66. **Th. minus.** Z. B Schaffh. bei Osterfingen, auch eine schwachdrüsige Form; Ende Mai od. Anf. Juni aufblühend.

66. **Th. flexuosum** (Th. saxatile DC.?). Wuchs gedrungener als vor., Bchen verhältnissmässig kleiner; Wrst. langkriechend. Z. B. Schaffh., bei Merishausen: Ende Juni. — Vielleicht sind alle übrigen Arten (Th. Laggeri Jord., Th. nutans Desf., Th. elatum Gaud. etc), welche man von minus abgeschieden hat, unter diese beiden Arten unterzubringen, wohl auch Th. sylvaticum K., welches im Unterengadin wachsen soll.

66. **Th. flavum.** Hieher Th. rufinerve God.

67. **Th. exaltatum.** Repandu dans la plaine de Magadino et aux environs de Lugano, Mr.

67. **Anemone Hallerie.** Nur im Nicolaithal.

68. **A. sylvestris.** Bei Grenzach (1864 u. 65 wieder gef., Christ), bei Kaiserstuhl (Geheeb) u. Mundelfingen unweit Blumberg (Merklein), also nur am Nordrande des Geb.

68. **Adonis autumnalis.** Im Wall. von Neuern nicht wieder gefunden.

68. **Myosurus.** Waa., Payerne; Basel, Bruderholz; Aarg., Boswyl.

70. **Ranunculus trichophyllus.** Steigt bis hoch in die Alp. (z. B. Oberengadin), wo die Bth. kleiner werden, die Staubb. kaum griffelhoch u. die Frboden fast kegelig sind (nach Brügg.); damit fällt R. Rionii. Auch R. lutulentus Perr. u. Song. (Schwarzsee bei Zermatt) ist in keinem Stück verschieden.

---

*) Die Zahlen bezeichnen die Seite der Excursionsflora

71. **R. Thora.** Tess., Alpes de Cadro, Mr., eine eigenthümliche weiter zu beobachtende Form, wie mir scheint eine Annäherung an R. hybridus Biria.

71. **R. gramineus.** Einzig auf Hügeln bei St. Leonhard.

72. **R. auricomus.** Eine dem R. cassubicus L. sich nähernde Form mit ungeth. Grundb.: R. auric. Heg.; die gewöhnliche: R. palustris Heg.

72. **R. acris.** R. Boreanus Jord. ist eine unbedeutende Form mit tiefer geth. B. u. schmälern Abschnitten.

72. **R. montanus.** Eine magere kleine Form (R. gracilis Schl.), auf den höhern Spitzen des Jura nicht selten.

73. **R. nemorosus.** Frboden beha. Var. mit mehr geth. B. u. schmälern Abschnitten (die wohl für R. polyanthemos gehalten werden), nach Fröhlich auch mit niederliegendem am Grunde wurzelndem St. (R. radicescens Jord.?). Alpenformen dieser Art sind nicht mit Villarsii zu verwechseln.

74. **Helleborus niger.** M. Salvadore, Generoso, Denti della Vecchia, Mr.

74. **H. odorus.** Bregenz, beim Riedschlösschen; unterscheidet sich von viridis durch abstehende Gr., etwas spitziger u. ungleicher gezähnte Abschnitte der Grundb., die fast ein wenig lederartig u. weniger deutlich geadert sind; wird beim Trocknen leicht fleckig, Zo.

75. **Aquilegia Bauhini Schott** (A. pyrenaica Excfl.). Auf den Bergen am Comersee; Muret u. Zollikofer fanden es nicht im C. Tess.

76. **Aconitum Stoerkianum.** Z. B. Bern, Stockhorn; wohl ein Napellus-paniculatum?

76. **A. variegatum.** Z. B. Wall., Bern; im Ganzen weniger h. als paniculatum.

76. **Berberis.** Epimedium alpinum L. findet sich seit langer Zeit bei Basel an der Rheinhalde im Alban-Thale (Münch) verwildert.

77. **Nymphaea alba.** Die v. oocarpa soll im C. St. Gall. vorkommen.

78. **Glaucium corniculatum.** Wallis: Sion, Montorge. St. Leonhard, Gnuc, Annivier, Mr. — G. flavum wächst nicht im Wall.

79. **Corydalis fabacea.** C. pumila Rchb. (wie fab., aber Deckb. fingerf. geth.), soll nach Franzoni bei Chiasso wachsen.

79. **C. ochroleuca.** An einem Bache am Fuss der Alpe di Melano am Wege auf den M. Generoso, Zo.

79. **Fumaria tenuiflora.** Pruntrut? Chur?

79. **F. Vaillantii.** F. Laggeri Jord u. F. Chavini Reut. vermag ich, wenigstens nach getrockneten Expl., nicht zu unterscheiden.

80. **Nasturtium pyrenaicum.** Wall., Uri, Tess., Graub. u. Basel (auf den Neuhausmatten, Münch).

81. **Barbarea stricta** (B. parviflora Fr.*) soll bei Baar u. Chur,

81. **B. arcuata** in Graub. vorkommen.

81. **B. augustana Boiss.** (B. intermedia Bor, B. praecox Gaud. B. sicula Excll.) Schoten ziemlich aufrecht, zahlreich, genähert. Entre Proz et la Pierre versant Suisse du gr. S. Bernhard, Mr.

81. **B. praecox R. Br.** (B. patula Fr.) Schoten sehr lang (2-2½"), abstehend, weniger zahlreich. Um Genf u. Basel. — Diese u. die vor., welche unter dem Namen B. praecox verwechselt wurden, haben fiederth. Stengelb. mit linealen Seiten- u. lineallängl. Endlappen und lange Schoten, welche wenig dicker sind, als ihre Stiele.

81. **Arabis arenosa.** Le long du Doubs, de la Birse et à l'embouchure de l'Emme près Soleure, Mr.

82. **A. Halleri.** Oberengadin: Celerina, Bevers, Pontresina, Mr.

82. **A. auriculata.** Appenz., Soloth. — A. verna R. Br. (mit kleinen violetten Bth. u. ungeflügelten S.) soll im Wall. gef. worden sein.

83. **Cardamine asarifolia.** Seulement le long d'un torrent (Tobel) près de Presaccio dans le Poschiavino, Mr. Nicht auf dem Albula!

84. **Dentaria polyphylla.** Tess., Generoso, Mr.

---

*) Aufrecht angedrückte Schoten, die dieser Art zugeschrieben werden, beobachtet man nicht selten auch an der gemeinen Art. Nach Marsson sind die Gr. bei stricta an der Spitze verbreitert, bei vulgaris kegelf.

84. **D. bulbifera.** Hinter Schloss Forstegg, Bezirk Werdenberg; Schellenberg im Lichtensteinschen, Zo.; Tess., pied du S. Salvadore, Lugano, pied du Generoso, Melano, Mr.

84. **D. digitata-pinnata.** Gegend von Montreux, Focke; soll auch bei Genf vorkommen.

85 **Sisymbrium strictissimum.** Graub., h. im untern Engadin von Ardetz an, Mr.; im Puschlav; Schaffh., bei Schleitheim: Südseite des gr. St. Bernhard.

85. **S. Sinapistrum.** Einfischthal, Iserabloz, Stalden im Visperthal, Mr.

85. **S. Irio.** Bei Visp 1868 wieder gef., Mr.

85. **S. austriacum.** Bagnethal, Herens, Longeborgne, Sion, Mr.

85. **Huguenina.** Nur gr. St Bernhard u. Bagnethal.

86, **Erysimum cheiranthoides.** Im St. Gall Rheinthal sehr h. Zo.; Constanz schweizerseits nicht selten; auch in der mittl. u. westl. Schwz. da u. dort, scheint sich überhaupt mehr u. mehr zu verbreiten, auch an Eisenbahnen.

86. **E. canescens.** Im Wall. in neurer Zeit meines Wissens nicht gef.

86. **E. rhaeticum.** Tess., Gandria, am Fusse des M. Generoso, Mr.; wie es scheint auch im Engadin. Ist indess nicht immer sicher von helvetic. zu unterscheiden und vielleicht besser nebst der kurzstengligen, grossblüthigen u. kurzgriffligen Alpenform, E. pumilum Gaud. (E Cheiranthus K.), in eine Art zu vereinigen.

86. **E. helveticum.** Graub. an der Ruine Misox, zw. Campher u. Silvaplana, Zo.

87. **E. ochroleucum.** Dôle, Chasseral, Creux-du-Van, Mr.

87. **Brassica Rapa.** Davon unterscheidet sich: B. campestris DC. Trauben verlängert, locker, B. blaugrün, die untern zerstreut beh. Von Napus durch mehr aufrechte langgeschnäbelte Fr. (bei Napus ist die Fr. etwa 6 mal länger als der Schnabel) verschieden In vielen Alpenthälern von Graub. u. Wall. (Engadin. Puschlav, Davos, Entremont, Bagnes, Nicolaithal etc.) stellenweise massenhaft und dem Anschein nach ursprünglich wild.

88. **Vesicaria.** Nur Wall., im Trientthal u. Waa., beim Bade Lavey.

89· **Alyssum alpestre.** Nur bei Zermatt, gelbe Wände, Mr.
— Berteroa incana DC. (Krb. 2sp., weiss; Pflz. aufrecht, von
Sternha. grau) ist an einigen O. verschleppt vorgekommen.
89. **Clypeola.** Tourbillon, Longeborgne, Saillon etc. Ist C.
Gaudini Trachsel, die echte Art hat am Rande gewimperte Fr.
89. **Draba aizoides.** Hieher D. Zahlbruckneri Host,
nur durch Kleinheit u. verhältnissmässig kürzere Gr. verschieden·
Angegeben im Wall. (Rothhorn bei Zermatt, Vulp.) u. Graub.
(Valserjoch, Brügg.) — D. nivea Saut. (am Piz late im untern
Engadin hart an der Tyrolergrenze u. nach Vulp. auch auf dem
Rawyl) hat die Tracht der Tomentosa, aber noch grössere Bth.,
schneeweisse im Abblühen gelbl. Krb., grüne kahle Kb. und steifl·
St. Bthstiele kahl od. flaumha., Schötchen kahl mit dickem kurzem
Gr. — D. stellata Iacq. (D. austriaca Crantz), welche in den
grossen Bth. mit nivea übereinstimmt, aber sich sowohl von dieser
als tomentosa u. frigida durch den verlängerten Gr. unterscheidet,
soll am Wormserjoch od. sogar in Graub. vorkommen.
90. **D. muralis.** Unterwall., le Guerset, von den Hr. Dupin
u. Fauconnet gef. Mr.
90. **D. incana.** Freibg. auf dem Erpille, Chavin; Muret
bezweifelt das Vorkommen dieser Art in Graub.: angebl. in den 3
Urkantonen.
90. **D. Thomasii.** Col Ioata, Sampuoir, Mr.; Saasthal? Gemmi?
Eine kritische der vor. sehr nahe stehende Art!
90. **Erophila.** In m. Umgebung unterscheide ich 3 Formen:
a. vulgaris (E. majuscula Iord.) Bth. gross; B. breit, fast immer
gezähnt, mit zahlreichen kurzen mehrfach verästelten Ha.: St. robust, meist wenige aus einer Wr. — b. Iordani (E stenocarpa
Iord.?) Bth. viel kleiner; B. schmal, fast stets ganzrandig, H. wie
an vor.: St. aber fein, meist viele oft 30-50 aus einer Wr. — c.
praecox (E. brachycarpa Iord.) Bth. wie an b.; B. mit einfachen
od. nur 2sp. Ha. bestreut; Schötchen fast rundl. (bei den 2 vor.
längl. elipt.) Pflz. stets klein. — Ich fand sowohl a. mit b., als a·
mit c. gemischt auf derselben Stelle ohne Uebergänge, aber nie b.
u. c. untereinander! sollte b. etwa dadurch entstanden sein, dass
Samen der Var. c., welche auf Felsen, sonnigen Mauern etc. vor-

kommt u. desswegen auch früher blüht, auf lockern Ackerboden gerathen ist?

92. **Thlaspi alpestre.** Unter diesem Namen hat man z. Th. sehr verschiedenartige Pflz. zsgeworfen:

1) **Th. Salisii Brügg.** St. etwas ästig (nämlich mit 1-3 sterilen od. bthtragenden Aestchen aus den Bwinkeln); Staubk. bleibend gelb. Bthtraube sehr reichbthg, gedrängt. Nähert sich gleichsam dem perfoliatum. (Graub., Bevers, Samaden etc. Mr.; eine ähnliche Form fand Mr. im C. Neubg, la sagne.

2) **Th. Lereschii Reut.** St. einfach; Staubk. bleibend gelb. Waa., Chateau d'Oex, Mr.; Freibg, zw. Albeuve u. Neirivue, Lagg.

3) **Th. Gaudinianum Iord.** Staubk. nach dem Verstäuben violett. Iunge Frkn. scheinen an der Spitze tiefer gesp. als an den 2 vor.

Diese 3 Formen haben gemein: eine sehr verlängerte Frtraube, Krb., welche fast doppelt so lang sind, als die Kb., Fr., welche an der Spitze offen ausgerandet sind u. daselbst einen deutlichen Gr. tragen. Ihre Unterschiede sind näher zu prüfen; dagegen sind die 2 folgd. verschiedene Arten.

4) **Th. virgatum Gren. u. Godr.** (Th. brachypetalum Iord.) Frtraube verlängert; Fr. mit sehr schmalem tiefen Ausschnitt u. kurzem kaum sichtbarem Gr.; Bth. klein, Krb. kaum länger als die Kb.; Staubk. zuletzt lila. Soll im Wall. (à Branche, vallée d'Issert, Tissière) vorkommen.

5) **Th. mureti m.** Frtraube wenig verlängert; Fr. an der Spitze nicht od. kaum etwas ausgerandet, der Gr. sehr lang vorragend; Bth. klein, Krb. fast doppelt so lang als die Kb.; Staubk. schwarzviolett. Pflz. $1^1/_2$-$2^1/_2$", zuletzt 5-8". Nähert sich entschieden dem Th. alpinum, die Staubb. sind aber so lang als die Krb. oder etwas länger, die Fr. mit deutlichem Flügelrande etc. Uri bei Hospenthal, Mr. — Ein Bastard von Th. alpinum u. rotundifolium fand Focke am Riffel bei Zermatt.

92. **Teesdalea.** Basel bei Weil, München.

93. **Iberis amara.** I. ceratophylla Reut. (I. affinis Iord.?) scheint eine Mittelform zw. amara und pinnata. Chéserex, pied du Iura vaud., Mr. Verdient genauere Untersuchung!

93. **Lepidium Draba.** Aigle près de la gare, Bex, Mr.; Basel,

Grenzacher Rebberg, Münch; Schaffh., Schleitheim, Aarburg, Iäggi.

94. Capsella (bursa pastoris) rubella. Bei Genf, Montreux, Vevey, Bex, Mr. auch in Gesellschaft der gem. Art. — Neu: C. pauciflora Koch. Trauben wenigbthg., fast doldig; Schötchen fast rundl., B. ganz, St. sehr zart. Graub., Tarasp, Brügg., Fontana, Mr. Scheint mir Var. procumb.

94. Aethionema. Unteres Rhonethal bei Ollon u. Conthey (wenigstens früher): Fort-de-l'Ecluse unweit Genf; la Reuchenette im Iura? Bern im Gasternthal u. an der Kandermündung; zw. Livigno u. S. Giacomo di Fräle unweit der Bündtnergrenze im Veltlin: Tess., Val Blegno., Mr.

94. Isatis. Sehr h. u. durchaus wildwachsend im Wall., bei Sitten, Siders etc., auch Expl mit dichter beblättertem St. u. rauhha. B. (I. Villarsii Gaud.?); übrigens in neurer Zeit ziemlich durch die ebenere Schwz. verbreitet, bes. auch an Eisenbahnen.

95. Myagrum. Wohl nur zufällig verschleppt. Thomas fand es bei Delemont.

95. Calepina. Se trouve depuis plus de trente ans au dessous du village de Branson, Mr. — Laelia orientalis Desv. (Schötchen ungeflügelt, schief eif., 2 fächrig, mit schief gestellten Fächern u. kurzem Gr., Bth. gelb) kommt verw. im C. Waa. vor. (se trouve depuis plus de trent ans aux Toveyres pres Vevey, Mr.) früher auch bei Genf u. im C. Neubg.

95. Cistus. Um Locarno, Orsolina, Ponte Brolla, Ascona, Bronco etc., in Menge, Mr.

96. Helianthemum salicifolium. Wall., einzig in der Gegend um Branson; im C. Tess., wo es nach Hegetschw. nicht selten sein soll, von Muret nie gefunden!

97. Viola sciaphila. Waa., Gegend von Montreux u. Villeneuve, Focke. — In wie weit V. glabrescens Focke davon verschieden ist, muss weitern Untersuchungen überlassen werden, da die Sommerpflz. mit ausgewachsenen B. u. Fr. noch unbekannt ist.

97. V. Thomasiana Perr. u. Song. (V. ambigua Excfl.) Wall., Alesse, Mr.; Waa., à Iavernaz alp de Bex, Mr.; Tess., Monte Cenere, Camoghé etc., Mr. Die B. sind länglief., merklich länger als breit, der Rand der Nebenb. nebst den Fransen gewimpert, die Bth. gross.

97. **V. collina.** Noch angegeben: Zür., Wülflingen, Schellenbaum: Graub., Brügg.; Basel, Christ. Was ich aus dem C. Waa. sah ist von dieser Art verschieden, die Fransen sind fädl., meist völlig kahl und endigen in deutliche kopfige Drüschen (während die echte collina lineallanzette dicht bewimperte Fransen hat), sie nähert sich mehr der hirta, deren Formenkreis noch genauer festzustellen.

97. **V. alba** (V. virescens Iord.) Var. scotophylla Iord. P. dunkelgrün, Sporn violet. Bei Genf, Lausanne, Montreux, Bex, Ponte Brolla (Tess.,) M r.

98. **V. pumila.** Schaarenwiese bei Schaffh. Biel?

99. **V. arenaria.** Angebl. Bern, Uri, Graub., Zür.

99. **V. tricolor.** Zur kleinblüthigen Form gehören: V. agrestis, segetalis u. gracilescens Iord.; zur grossblüthigen: V. alpestris, Sagoti Iord., V. bella Gren. Vielleicht ist auch V. Comollia, welche im Val Tuors angegeben wird, zu dieser Art zu rechnen. — Neu ist:

V. multicaulis Iord. Ausläufer zahlreich, sehr verlängert, wurzelnd; B. herzeif., spitzer als an odorata, stärker beha.; Kr. blasser mit weissem Schlunde. Genf, Waa. an vielen Stellen, M r.

— Bastard:

V. mirabilis-sylvatica. Unterscheidet sich von mirabilis durch den gleichfarbigen Sporn, die gefranzten Nebenb., länger gestielte Stengelb. u. Stengelbth., unbeh. Bstiele u. geruchlose Kr. (bei mirabilis sind die Sporne stets grünlweiss, die Nebenb. ganzrandig, von kurzen Ha. gewimpert, aber nie gefranzt, die Bstiele am Kiel beha., die Kr. wohlriechend). Von sylvatica unterscheidet sich der Bastard auf den ersten Blick durch die Tracht; die zahlreichen fast aufrechten Bthstengel sind höher hinauf beblättert, so dass die Bth. die B. gewöhnlich kaum oder nicht überragen, während bei sylv. meist die Bth. auf langen Stielen weit über die B. emporgehoben sind; die Nebenb. sind grösser, breiter als an sylv., mehr krautartig, sie tragen am Rande ausser zu streuten bisweilen theilweise fehlenden kurzen Wimperha. ungleichlange Fransen, welche etwa halb so lang (seltner länger) als der mittlere

Querdurchm. des Nebenb. sind; die Kb. sind breiter, die Anhängsel länger, der Sporn etwas kürzer (bei sylv. sind die Nebenb. schmal, linealpfrml. od. lineallanzett, feinzugespitzt, fast etwas häutig und gefärbt, ungewimpert, aber mit zahlreichen langen Fransen, von denen die mittlern wenigstens so lang bis fast doppelt so lang sind als der Querdurchm.) Grundständige Bth. kommen selten vor u. nur neben stengelständigen, dagegen entspringen die blattwinkelstgen oft sehr tief, wobei die Stiele dann sehr lang sind. Im Beringerthal C. Schaffh. unter den Eltern d. 17. April 1869 etwa 50 Expl. gef.

101. **Aldrovanda.** Kommt an der von Dr. Custer angegebenen Stelle, dem Logsee, einem kleinen Tümpel im Bodenseeried, ausserhalb dem voralberg. Dörfchen Gaissau, immer noch vor, scheint aber selten zu blühen, Zo.

101. **Polygala calcarea.** Neubg., Fleurier, Mr.; Bern, Pruntrut, Thurmann. Neue Art:

P. alpina Perr. u. Song. (P. glacialis Brügg. 1860 P. serpyllifolia Fisch. - Oost.) Seitennerven der Kflügel aussen kaum ästig, die Adern keine Maschen bildend; St. niedergestreckt, sehr ästig; untere B. grösser, rundlvkteif, stumpf, etwas rosettig; Trauben endstg, kurz, 5-12 bthg, klein. Kraut geschmacklos. Nähert sich in den Merkmalen der P. amara, im Habitus der P. depressa Wall., Baumgrenze beim Riffel, Lagg., am gr. St. Bernhard, Tissière; Waa., sommet de l'arrête de Iavernaz. alp. de Bex. Mr.

103. **Dianthus Seguierii.** Val Maggia, Locarno, Lugano, Generoso, Mr.

103. **D. glacialis.** Piz Padella, Sampuoir, Alpen von Schleins, Val Muranza (Münsterthal), Mr.

104. **D. monspessulanus.** Tess., oberhalb Melano, S. Giorgio, Mr.; Réculet, Colombier.

105. **Silene Armeria.** Waa., Roche; Wall,Salvant etc.

107. **Buffonia.** Charat, Ardon, La Morge, Salgetsch, Mr.

107. **Sagina procumbens.** Var. B. am Rande mit kurzen fast zähnartigen Wimpern: S. bryoides Fröl. K. Bei Thusis n. Brügg., ich sah aus dem Geb. nur annähernde Formen.

107. **S. depressa.** Laub dunkler als an apetala, die der Sonne

ausgesetzten Expl. beobachtete ich oft braunröthl. gefärbt, während die daneben wachsende apetala stets gelbgrün blieb. Die äussern Kb. der dpr. mit einem durchscheinenden Stachelspitzchen, welches sich leicht einwärts biegt. Die S. fand ich heller braun und mit schwächern Knötchen, aber sonst nahezu gleichgross. Grosse Expl. erinnern etwas an Alsine tenuifolia, die aber zugespitzte Kb. u. 3klappige Kapseln hat; sie nähert sich in der Tracht der S. procumbens, wie sie denn auch früher von Meyer u. Mert u. Koch damit verwechselt worden ist. O. Kunze hält sie gar für einen Bastard von proc. u. apetala. Bern, Coeuve im Pruntrut, Mr., wohl auch anderwärts. S. Excfl. S. XI! — Eine neue Art ist:

S. glabra Willd. Krb. fast doppelt so lang als die Kb.; St. niedergestreckt, kriechend; obere B. nicht auffällig verkürzt. Am gr. St. Bernhard.

108. **Spergularia segetalis.** Bruderholz, Christ; Coeuve, Mr.

108. **Alsine arctioides** (form. fol. ciliatis). Im Saasthal, Vrlp. 1868 d. 20. Iuli von Favrat wieder aufgefunden im Ofenthal bei Matmark auf Granitfelsen!

108. **A. lanceolata.** Val Muschems, Mr.; auch auf der Südseite des gr. St. Bernhards.

109. **A tenuifolia.** Hicher A. viscidula Thuill. laxa Iord. u. hybrida Iord. Ich kann wenigstens an getrockn. Expl. keine wesentlichen Unterschiede finden u. die Beschreibungen von Reuter u. Boreau differiren nicht wenig.

109. **A. mucronata.** Simplon, Saas, Zermatt, Ardetz, Tarasp, Guarda, Mr.

109. **A. biflora.** Val Muranza, Pragiand (Val Senestra), Valetta, Mr.; Alpes de Bex, Paneyrossaz, Martinets, Mr.; Alpes d'Alesse, Mr.

109. **A. sedoides.** Auf dem Calanda, Moritzi, Brügg.

111. **Stellaria glauca.** Bei Basel nach Alioth u. Münch in neurer Zeit nicht wieder gef., dagegen will sie Muret von Nidau besitzen. Rapin erwähnt der kahlrandigen Deckb. nicht, daher seine Pflz vielleicht nicht ächt; ich sah noch kein Expl. aus der Schwz.

112. **Cerastium, quaternellum.** Genf, Plan-les-Ouates, Rap., von Muret 1868 u. 69 gesammelt.!

112. **C. manticum.** Im Tess. in der Ebene sehr verbreitet, z. B. bei Ascona, Bironico, Bogno. etc., Mr.

113. **C. latifolium.** Hochalpenform mit sehr kurzem St. u. grosser Blüthe: v. subacaule (C. glaciale Gaud.) Die v. pedunculatum auf den Alp. zw. Wall. u. Piemont ziemlich verbreitet.

113. **C. alpinum.** Ha. lang, weiss geschlängelt. Keine sterilen Bbüschel, welche bei arvense fast nie fehlen. Wall. (Saas, Herens), Graub. (Piz Padella, Pizlate, Val d'Assa, Strela), St. Gall. (Kaiserrück), Bern, Glar.

113. **Elatine hexandra** (E. paludosa Seub.) Auf überschwemmtem Sande am Genfersee, z. B. bei Versoix.

116. **Hypericum pulchrum.** Z. B. bei Baden, Lenzburg, Feuerthalen.

118. **Geranium phaeum.** Selten, z. B. Waa., Neubg., Zür. (Teufen, Mr.)

118. **G. pratense.** Blüht Ende Mai od. Anf. Iuni u. oft im Herbst zum 2. mal!

118. **G. bohemicum.** Nur im Wall., Ioux brulé, Alpes de Lens., Mr. (nicht im C. Waa.)

119. **G. divaricatum.** Wall., Visperthal: Graub., zw. Crusch u. Remus im untern Engadin, Mr. — G. macrorrhizon (Excfl. S. XI.) wurde am Brünig, wo es der verstorb. Rehsteiner gefunden haben will, von Muret u. Christ umsonst gesucht.

120. **Impatiens parviflora.** Hat sich auch im C. Glar. niedergelassen E. Schindler-Trümpy.

123. **Genista ovata.** Der Fundort „Wall." ist nach Muret zu streichen, dagegen wächst die Pflz. im C. Tess. (Zo.) u. Schaffh. (oberhalb dem Osterfinger Bad: man geht vom Bade noch 5-600 Schritte in der Richtung nach Jestetten u. biegt dann links den Abhang hinauf dem Walde zu, wo die Pflz. in ziemlicher Menge vorkommt *); weiter hinten ist sie sparsamer; dann oberhalb dem Dorfe Osterfingen am Wannenberg). Ist aber wahrscheinlich nicht die echte ungarische Art, sondern wohl G. Perreymondi Lois. (G. tinctoria v. lasiocarpa Gren. u. Godr.)

---

*) Ebendaselbst wachsen Potentilla aurulenta u. opaca, Rhamnus saxatilis, Tragopogon minor, Asperula tinctoria, Dictamnus, Coronilla montana, Melampyrum cristatum, Thlaspi montanum etc.

123. **Cytisus glabrescens.** Einzig: revers du mont Calbege vers Cadro., Mr.

123. **C. hirsutus.** St. Salvadore u. zw. Ascona u. Ronco, Mr.

125. **Medicago apiculata.** Seit 1862 alljährlich in Menge bei Osterfingen beobachtet. Im C. Waa. erloschen, dagegen wurde bei Lausanne M. maculata Willd. gef.

126. **Trifolium fragiferum.** Das ähnliche T. resupinatum L. Bth. umgewendet, d. i. Fahne nach unten! wurde an einer Stelle bei Zürich beobachtet.

126. **T. saxatile.** Nicolaithal, Saas, Simplon, Mr.

128. **T. pallescens.** Granitalp.: Bagnes, Anniviers, Zermatt, Saas etc., Mr.

128. **T. hybridum.** Tess., plaine de Magadino, Mr.; Schaffh., an der Wuttach bei Schleitheim: am Wallenstatter See. Sonst auch hie und da verschleppt u. dann auf trocknerem Boden der St. engerröhrig, oberwärts etw. beha.: solche Expl. werden leicht für folgde genommen, welche in allen Theilen viel feiner ist.

128. **T. elegans.** Vergl. vor.! Lausanne, Genf, Mr., wenigstens eingebürgert.

129. **Dorycnium herbaceum.** Lugano, Meride, Balerna, Mr.

131. **Oxytropis Halleri.** Var. seidenha. (a.) oder mehr wolligzottig (b. velutinus Sibth.) — O. intricans Thom. soll ein Bastart mit campestris sein (?); sie findet sich im Engadin an verschiedenen Stellen u. im Münsterthal, Mr.

131. **O. foetida.** Nur auf der südl. Kette.

131. **O. lapponica.** Alpes de Lens, Zermatt, über Nufenen; Albula.

131. **O. montana.** Ist O. Iaquini Bunge, die echte mont. sei verschieden!?

131. **O. cyanea.** Nur im Nicolaithal, dann am gr. St. Bernhard. Ist O. Gaudini Reut., die caucasische Pflz. sei verschieden.

132. **Coronilla minima.** Einzig bei Varen (zw. Siders u. dem Leukerbad.)

132. **Ornithopus.** Basel, Weil, Münch; Luzern, sur les collines au dessus de Reiden, Mr.

134. **Vicia pisiformis.** Abondante sous les chateigners de Fouly, seule localité en Suisse, Mr.

135. **V. Gerardi.** Graub., Mr.; Tess.? Bern?

135. **V. hybrida.** Soll zw. Montreux u. Chillon von Haussknecht gef. worden sein.

136. **V. angustifolia.** Eine ähnliche Art, V. peregrina (die obern Kzähne kürzer, zsgeneigt, Bchen lineal) soll zw. Montreux u. Chillon vorkommen.

137. **Lathyrus pratensis.** Eine subalpine grossblüthige fast kahle Form: L. Lusseri Heer.

140. **Geum intermedium.** Z. B. Schaffh., zw. Hausen u. Stühlingen! Aarg., bei Muri u. am Hallwylersee! St. Gall., bei Eichberg, Bezirk Oberrheinthal, Z'o.

143. **Fragaria vesca.** Var. Ha. aller Bthstiele wagrecht abstehend, Krb. an der Spitze oft eingeschnitten-gekerbt. Schaffh., Wilchingen

143. **F. collina.** Das Merkmal von den gestielten u. sitzenden Bchen ist sehr variabel! Indess zeichnet sich die F. Hagenbachiana noch durch andere auffällige Merkmale aus, die sich aber leider nicht immer beisammen finden: die Pflz. ist höher, schlanker (1' u. darüber), oberwärts nebst den Bthstielen braunroth angelaufen, reich- (bis 20-)bttg., die Bthstiele schlank, dünn, mit fest angedrückten Ha.*), die Bth. viel kleiner. Grosse Expl. erinnern in der Tracht fast an Potentilla rupestris. So Schaffh. im Wangenthal.

144. **Potentilla micrantha.** Staubb. einwartsgekrümmt-zsneigend u. die Frkn. bedeckend (bei Fragariastrum aufrecht eine oben offene Röhre bildend). Var. mit kurzgestielten Bchen!

144. **P. supina.** Basel, Bartenheim u. Neudorf, franz. Geb., Münch.

145. **P. multifida.** Nur bei Zermatt.

145. **P. inclinata.** Bei Laufenburg, Mr. — Neue Art:

P. grammopetala Morett. Bth. weiss: Bchen 3zählig, vktell. o. länglanzett, über der Mitte vorwärts gezähnt. Pflz. klebrig-zottig. 3-4" Krb schmal, kürzer als die Kb. Staubf. kahl. Gr. roth. Graub.,

---

*) Bei der gew. Form die Bthstiele bald angedrückt-, bald abstehend beha.

Misocco au Corno rochers à droite du Val Forcola, 1867 von Dr. Chr. Brügger entdeckt, von Muret am 21. Iuli 68 daselbst gesammelt! Muthmassliche Bastarde:

1) P. praecox Fr. Schultz. Der P. argentea ähnlich, aber grüner, der Filz der Blattunterfläche grau, bisweilen fast o, ausserdem bes. an den Bstielen längere Ha. St. u. Bstiele ebenfalls roth überlaufen. Zur Frzeit hat aber die Pflz. ein sehr verschiedenes Aussehen: die Bthstiele sind verlängert, schlank, der Gesammtbthstand locker-doldenrispig, so dass die dann kreisf. ausgebreiteten St. von der Mitte od. fast von unten an in die reichblüthige Inflorescenz aufgelöst erscheinen u. die durcheinander gekrümmten Bthstiele die Pflz. an opaca erinnern lässt. Bchen breiter als an argent., flach, am Rande nicht umgerollt, trübgrün, Zähne breiter, stumpfl. K. zottigbeha. Entwickelt centrale Blattrosetten. Blüht von Mai an fast durch den ganzen Sommer.

2) P. aurulenta Grem. (Wirtg. Herb. krit. Pflz. d. rhein. Fl. Nr. 1012). Die Bchen sind gew. lang-dreieckig-keilf., vorn fast fächerf. eingeschnitten, d. i. beide Seitenränder bilden gerade Linien und die abgestutzte Spitze trägt 3 schmale tief eindringende am Grunde etwas verengte gleichhohe Zähne, od. es sind deren 5 (seltner mehr), nämlich ausser den 3 vordern jederseits noch ein etwas tiefer stehender. Bisweilen sind die Bchen am Grunde fast stielartig verschmälert. Ich beobachtete 1869 2 Formen, eine mehr grau- u. verworrenhaarige etwas kleinerblüthige u. eine grösserblüthige mit längern straffern Ha., letztre später erscheinend. Die grossen dunkelgelben Kr. unterscheiden diese Pflz. sofort auf den ersten Blick von verna u. opaca, die in Menge daneben wachsen Scheint auch bei Winterthur vorzukommen.

3) P. reptans-Tormentilla. (P. adscendens m. herb.) Wrst. oft so dick als an Torm. St. meist einzeln od. zu 2-3, anfänglich (bei beginnender Bthzeit) einfach oder nur mit wenigen Aesten, niederliegend-aufsteigend od. schief aufsteigend (bisweilen zw. Gras fast aufrecht!), später sich ganz niederliegend u. an der Spitze wiederholt gablig theilend, während die Pflz. fortwährend bis in den Sept. neue (aber kleinere) Bth. entwickelt, endlich an den Knoten wurzelnd u. daselbst Blattrosetten treibend, welche die Pflz. vermehren. B. an den Gelenken

meist zu 1-2, alle — auch die obersten — gestielt, Stiele der untern Stengelb. etwa so lang als das B., d. Grundstg. zur Bthzeit meist schon vertrocknet.; 5- u. 3zählige B. sind fast gleich häufig; Bchen vkteif. od. eliptisch-vkteif., mit ganzrandiger keilf. Basis, im vordern $2/3$ od. $1/2$ des Randes tief eingeschnitten-gezähnt, mit spitzen Zähnen; Unterseite dicht mit locker angedrückten Ha. Nebenb. klein ungeth. od. 2-3-(seltner 4-5-) sp. Bth. fast stets 5zählig (selten 4- od. 6zählig!), wenig kleiner als an repl., aber viel grösser als an Torm. Frchen sowohl an den frühern als den spätern Bth. taub (einzelne herangewachsene Carpellen waren punktirt). — Unterscheidet sich von Torm. sogleich durch die grossen Bth. u. die gestielten B., von rept. anfangs durch die Richtung des St., später durch die eigenthümliche Verzweigung (gabelsp.-vielästig!) des St., zu jeder Zeit durch die Gestalt der B. — Schaffh., Wald zw. Unterhallau u. Eberfingen, an einer Stelle in grosser Menge neben Tormentilla, reptans nicht in unmittelbarer Nähe!). — Alles, was in der Schwz. unter P. nemoralis, mixta u. procumbens geht, gehört ohne Zweifel zu diesem Bastard. Ob die norddeutschen Pflz. verschieden sind, möchte ich bezweifeln; doch ist auffallend, dass die P. procumb dort ziemlich verbreitet (aber keineswegs gemein) ist u. wenigstens Ascherson, Marsson, Meyer, Sonder u. A. noch nie an einen Bastard gedacht haben!

4. P. ambigua ist ein multifida-frigida. — P. valesiaca E. Huet ist wohl auch eine Hybride, so wie meine P. rhaetica; auch zw. P. minima u. salisburgensis soll eine Mittelform gef. worden sein.

147. **Agrimonia odorata.** An der Schweizergrenze bei dem voralb. Dorf Gaissau, Rheineck gegenüber, Zo.: im Wiesenthal bei Basel, Christ.

147. **Rosa.** Es sind hier wieder viele neue Arten aufgestellt worden, über welche man vergl. Godet, fl. jur. Suppl. 1869.

149. **R. tomentosa.** Var. Krb. am Rande gegen die Basis mit sehr feinem Flaumha. gewimpert. Schaffh.!

149. **R. mollissima.** Wall., Zehnten Gombs, Lagg. Fr. fast kuglig.

149. **R. gallica.** Nur in den C. Wall., Waa., Genf, Schaffh. u. Tess.

150. **R. coriifolia.** (R. frutetorum Bess. R. monticola Rap. z. Th.) Von behaarten Formen der Canina zu unterscheiden durch lebhaft rosenrothe kurzgestielte Bth. u. an der Fr. aufgerichtete stehenbleibende Kpfl.

150. **R. canina.** Koch's R. canina ist ein Compositum: die var sepium gehört zu R. Rubiginosa, die v. collina enthält u. a. verschiedene Mittelformen, die aus Kreuzung von gallica u. canina entstanden sind, auch die v. dumetorum besteht aus z. Th. fremdartigen Formen. Es gehören zu dieser Art: R. senticosa Achar. (Aestchen verkürzt), R. sphaerica Gren. (Fr. kuglig), R. andegavensis Bast. (Bthstiele stieldrüsig), R. biserrata Mérat. (Bchen doppelt gezähnt) etc

Neue Arten u. Unterarten sind:

1) **R. Sabini Woods.** (R. coronata Crepin). Stachl. verschiedenartig, die einen kräftig, gerade, die andern borstenf.: Bchen oval., unterseits filzig, doppelt gezähnt: Bthstiele stieldrüsig; Kzpfl. an der Fr. bleibend, aufrecht. Bth. blassrosa. Von molliss. u. vestita schon durch die ungleichen Stachl. verschieden. Salève.

2) **R. sabauda Rap.** Vor. sehr nahe stehend, aber Bchen fast kahl., z. Th. einfach gezähnt. Stachl. der Schösslinge sehr stark, gerade, zegedrückt. Salève, Allières.

3) **R. vestita God.** Stachl. gleichf., gerade: Bchen filzig, doppelt gezähnt: Bth. blass rosenroth; Frstiele so lang oder länger als die Fr., diese eif., oberwärts etwas halsf. zsgezogen; Kzpfl. bleibend, aufgerichtet. Tracht von Alpina. Bchen schmäler als an mollis., Zähne spitzer. Salève., Neubg. u. gewiss noch anderwärts. Nach Godet vielleicht eine Hybride von spinulif. u. molliss., was ich sehr bezweifle!

4) **R. salevensis Rap.** Stachl. gleichf., lang, gerade; Bchen ganz kahl, unterseits ohne Drüsen, einfach- oder doppelt gezähnt: Bth. lebhaft rosenroth; Kzpfl. auf der Fr. bleibend, aufgerichtet: Fr. längleif. Salève, la Tourne, sur Chaumont. etc.

5) **R. alpestris Rap.** Mit R. (coriifolia) Reuteri verwandt, aber Stachl. z. Th. mehr od. weniger gerade, Bchen unterseits mit

mehr od. weniger zahlreichen Drüsen, doppelt gezähnt, Bthstiele stieldrüsig, Kr. blassrosa. Wohl ein Bastard.

Hybride Formen:

1) R. gallica-canina*) Meist durch grosse lebhaft gefärbte Kr. die Abstammung von gallica verrathend! Bchen unterseits höchstens blasser, sonst kahl od. nur auf den stärkern Nerven etwas haarig; der Mittelnerv meist mit sitzenden Drüsen. Blüthenständige Nebenb. mehr od weniger verbreitert. Bthstiele stets stieldrüsig. Ich fand in m. Umgebung (im Walde zw. Unterhallau u. Eberfingen) folgde Formen: a virgata. Stachl gleichf., gerade, aber nicht lang, sparsam, an den blüthentragenden Zweigen fast o, Stieldr. o; Bchen ganz kahl, dünn, doppelt gezähnt, Zähne zugespitzt, vorwärts gerichtet; Bthstiele meist einzeln, kurzstieldrüsig; Kzpfl. stark fiedersp., reichdrüsig. Niedriger Strauch mit langen fast schnurgeraden starkduftigen Aesten u. mittelgrossen Bth. Erinnert fast in nichts mehr an gallica. Da die Gr. keine Säule bilden u. die Aeste nicht niedergestreckt sind, so kann wohl nicht arvensis darin stecken. Von canina, der diese Form in einem Bruchstück sehr ähnlich sieht, unterscheidet sie sich sogleich durch die vollkommen geraden Stachl. — b. psilophylla (Rau?**) Stachl. stark, gerade od. wenig gekrümmt, zsgedrückt, Stieldr. o; Bchen gross (bis 2" lg), etwas matt dunkelbläulgrün, derb eif. od. eif.-rundl., spitz od. nicht selten abgerundetstumpf (u. dann in der Form oft auffällig denen von gallica gleichend, aber die Zähne viel spitzer etc.), kahl od. unterseits auf den Nerven mit zerstreuten Ha., doppelt gezähnt, Zähne reichdrüsig abstehend; Bthstiele (u. Kröhre) mit ungleichen Stieldr.; Fr. kuglig. Strauch bald 4-5', bald nur $1^{1}/_{2}$-$2^{1}/_{2}'$ hoch. Die Einwirkung von gallica ist hier schon deutlich, bes. auch in der grossen sattrosenrothen Kr. u. den B. ausgesprochen. — c. ambigens. Stachl. zahlreich, sehr ungleich, die grössern gerade od. etwas gekrümmt, theils dick, fast kegelf., theils zsgedrückt, die kleinern borstenfgen mit vielen Stieldr. gemischt;

---

*) Diese nicht R. canina-arvensis wie in d. östr. bot. Zeit. 1867 steht, kommt im C. Schaffh. vor.

**) Stimmt gut mit R. Jundzilliana Bess. in Bor. Fl. Centr.

Bchen mittelgross, ellipt., kahl, nur unterseits auf dem Mittelnerv u. am Rande flaumha., einfachgezähnt, Zähne breit, drüsenlos od. nur der eine od. andere 1-2 Drüschen tragend; Bth. zu 3-5. Stiele lang, mit schwachen Stieldr. Kr. in der Knospe rosa aufblühend weiss verbleichend. Gr. wie bei gallica bis zum Grunde frei. Mittelgrosser Strauch. Fr abortirend. — d. depressa. Stachl. klein, sichelf., meist zu 2 unter die Bstiele gestellt, hie u. da kleinere fast gerade u. vereinzelte Stieldr.: Bchen gross, spitz od. zugespitzt (die untern auch stumpf), kahl, doppelt gezähnt, Zähne zugespitzt. Bth. sehr gross, lebhaft rosenroth. F. abortirend. Strauch von nur $1\frac{1}{2}$-$2\frac{1}{2}'$ Höhe, mit beugigem Stamm. Erinnert von fern ganz an R. gallica — Dr. Wirtgen bestimmte mir diese u. die vorige als R. geminata Rau, welche jedoch eine gallica-arvensis zu sein scheint.

2) R. gallica-rubiginosa (R. consanguinea Gren.) Von den Rubiginosen durch das Vorkommen von Stieldr. an den heurigen Zweigen verschieden.

3) R. gallica-arvensis (R. hybrida Schleich.) Schaffh. an mehr. O., immer steril!

4) R. cuspidata (Tratt?) = tomentosa-rubiginosa?

5) R. Chavini Rap. = montana-canina?

6) R. rubella God. = alpina-pimpinellifolia.

7) R. stylosa Desv. = arvensis-canina?

Anmk. R. mucronata Desegl., R. Pugeti Rap., R. dolosa God., R. Godeti Gren. u. R. Chapusii God sind mir unbekannt. Wie in d. Gatt. Rubus scheinen auch hier (u. bei Potentilla) fruchtbare u. constant sich fortpflanzende Hybride vorzukommen.

151. **Alchemilla**. Neue Arten sind:

1) **A. pubescens (M. Bieb.?) Koch.** (A. ambigens Iord.) Grundb. wie bei vulgaris bis auf $\frac{1}{3}$ eingeschnitten, aber die Lappen kurzvkteif., vorn fast gerade abgeschnitten, an den Seiten ganzrandig (bei vulg. die Lappen ringsum d. i. fast bis zur Theilungsstelle gezähnt). übrigens in der Bekleidung u. Tracht mit A. vulg. montana übereinstimmend. Im Oberengadin 2000' über Samaden u. in der Nähe von St. Moritz, Fred. Towsend! Riffel

bei Zermatt; nach Moritzi im Misox an der Halde, an welcher das Dorf Bernhardin lehnt.

2) **A. subsericea Reut.** Wie Alpina u. kaum verschieden, aber Blattabschnitte länglvkteif., an der Spitze tiefer eingeschnittengezähnt, der Filz nicht dicht anliegend, seidenglänzend, sondern lockerer, fast matt. Gr. St. Bernhard, Gotthard (Val Tremola, Mr.) Scheint auch auf der Gemmi vorzukommen.

152. **Sanguisorba officinalis.** Hieher S. serotina Iord. u. S. montana Iord., letztres die früher aufblühende (!) Bergform.

154. **Pyrus hybrida** $=$ P. Aria-aucuparia. Z. B. Agites, alpes d'Aigles, Leysin, Mr.

155. **Epilobium Fleischeri.** Ebenfalls verbreitet durch die Alpenkette, auch mit den Flüssen herabsteigend, z. B. bei Zürich, Rambert, an der Kandermündung.

Hybride Formen:

1) E. parviflorum-roseum (E. opacum Peterm. nach O. Kuntze). Von allen Arten verschieden durch den mit Leisten versehenen St. u. die 4lappige Narbe. St. sehr ästig, anliegend beha., Leisten desselben schwach, oft zsfliessend. B. kurz- od. sehr kurz gestielt, längllanzett, gegen die Basis etwas verschmälert zulaufend, am Grunde selbst aber abgerundet, Zähne zahlreicher u. deutlicher als an parvifl. Schaffh. bei Osterfingen unter den Eltern!

2) E. parviflorum-montanum? (E. crassicaule m.) St. stärker als an mont., sonst ähnlich beha., kaum die Behaarung etwas lockerer. B. dichtstehend. N. 4lappig. Schaffh. im Walde zw. Unterhallau u. Eberfingen an versch. Stellen.

3) E. parviflorum-palustre Reut.

156. **Isnardia.** Z. B. Aarg., Bünzenermoos ; Tess., Mr.

157. **Trapa.** Tess., lac Muzano, Agno, Mr. Noch angegeben bei Rheinfelden, Langenthal, Pruntrut. Bei Elgg ausgegangen!

157. **Hippuris.** Hieher H. rhaetica Zschokke (Graub., Fontana Merla im Oberengadin).

160 **Bryonia alba.** Wall., Tourtemagne, Saxon, Viège, Mr.

160. **Montia minor.** Tess., Ponte Brolla, Minuso, Mr.; Genf, Plan-les-Ouates, wenigstens früher!

160. **M. rivularis.** Graub., Au, Val Mouttas, Laret, Davos, Mr.; Tess., Sonvico, Mr.

161. **Corrigiola.** Bei Vivis erloschen, Mr.
161. **Illecebrum.** Bei Mendrisio wohl ausgegangen. — **Polycarpon tetraphyllum** L. f. wurde in Basel am Leonhardsgraben zw. Strassenpflaster von Pfr. Münch beobachtet!
161. **Scleranthus annuus.** Hieher ziehe ich unbedenklich S. biennis Reut. - Dagegen ist S. verticillatus eine ausgezeichnete Art: Genf, Plan-les-Ouates, Mr.; Wall., Branson, Sion etc., Mr.; Plaine de Bière, Mr.
163. **Sedum ochroleucum.** A disparu à Chamblande près Lausanne, je ne le connais plus en Suisse. Dans les carrières de Veyrier près de Genève (Muret).
163. **Sempervivum.** In neurer Zeit sind eine Menge neuer Arten aufgestellt worden. Nach einer Mittheilung von Dr. Lagger wurden bei uns gefunden:
1) **S. glaucum Ten.** Simplon.
2) **S. Laggeri Schott.** Wall., Branson.
3) **S. flagelliforme Fisch.** Höh. Alp., Wall., Uri etc.
4) **S. Delasorei Schnittsp.** Unterwall.
5) **S. Schottii Schnittsp.** Furca.
6) **S. hispidulum Schott.** Saasthal in M. Moro supra Macugnaga.
7) **S. grandiflorum Hav.** Val Tornanche (Piemont).
8) **S. Schnittspahnii Lagg.** Zermatt.
9) **S. alpinum Griseb.** Höh. Alpen, Wall., Uri. — S. Fauconneti Reut. gehört nach Lagger hieher.
10) **S. acuminatum Schott.** Unterwall.
11) **S. barbulatum Schott.** Höh. Alp., Wall., Torrenthorn etc.
12) **S. Noltei Hamp.** Rhonegletscher.
13) **S. Verloti Iord.** Wall., Uri.
14) **S. tomentosum Schnittsp.** Tourbillon bei Sitten.
15) **S. Gisleri Lagg.** Uri, Maderanerthal.
16) **S. Mettenianum Lehm. u. Schnittsp.** Wall., Zermatt; Bern. — Ausserdem hat Hr. Conservator Dr. Brügger noch mehr neue Arten unterschieden.
165. **Saxifraga Hostii.** Im Münsterthal? Sicher auf den Bergen am Comersee.
165. **S. diapensoides.** Valée de Bagnes, Pierre à Vua, Mr.

167. **S. stenopetala.** Oestl. Alpenkette: Appenz., Glarus, Graub. (Sentis, Panixerpass, Strela, Sesaplana, Ober- u. Unterengadin, Münsteralpen etc.); dann auf dem Faulhorn im C. Bern nach Christener.

168. **S. granulata.** Genf, Penex: Aargau·, Rein: Zür., Rafz; Schaffh., Wilchingen: zw. Basel u. St. Louis.

168. **S. controversa.** Graub., Wall., Waa. — Zwischen S. Aizoon u. Cotyledon kommen wahrscheinlich hybride Mittelformen vor. — S. Murithiana Tiss. ist mir unbekannt.

170 **Helosciadium repens.** Z. B. Morges, Iorat de Lausanne, Mr.; Altorf! Brunnen! Constanz unterhalb Kreuzlingen an einem Graben nahe am See.

190. **H. nodiflorum.** Genf. Waa., Wall,

170. **Falcaria.** Basel (am Strassenbord zw. Basel u. Binningen, München), Aarg., Schaffh.

172. **Bupleurum ranunculoides.** Die var. caricinum (B. caricifolium Willd.): C. Tess., S. Salvadore, Mr. Die B. grasartig, auf $1/_2'$ Länge kaum $3/_4$-1''' br.

174. **Meum athamanticum.** Sehr zerstreut: Wall., entre St. Pierre et le gr. St. Bernhard, Mr.: Neubg. Iura: Schwyz, Etzel. — Eine wohl hybride Mittelform von diesem u. Muttellina fand Dr. Christ am Feldberg.

176. **Pastinaca opaca.** Wall., Salvant, Mr., Entremontthal, Lagg.

177. **Turgenia.** Champs entre Saillon et Leytron, localité unique, Mr. — Torilis nodosa Gärtn. mit sitzenden geknäuelten nur 2-3 strahligen Dolden, wurde nach Tissière von Hausknecht im Wall. bei Charnex gefunden.

178. **Anthriscus sylvestris.** Die var. tenuifolia nur im Berner Iura (près Bressancourt). — A. rupicola ist vom Aut. selbst unterdrückt.

179. **Chaerophyllum elegans.** Am gr. St. Bernhard à la Pierraz, in Menge, Lagg, Mr. — Ch aromaticum L. von Dr. Custer bei Balgach im St. Gall. Rheinthal angegeben, ist in neurer Zeit nicht wieder gef. worden, Zo.

179. **Molopospermum.** Tess., Generoso, S. Giorgio, Bogno,

Mr.; ital. Graub., Casaccia, Mr.; Wall. im Simplon- u. Saaserthal nach ältern Angaben.

180. **Pleurospermum.** Wall., Algabi Mr.; Tess., Generoso, Mr.; Thurg., Amlikon, Apoth. Brunner; Appenz., Sentis nach Custer.

183. **Asperula tinctoria.** Neubg.

183. **A. longiflora d. Excfl.** besteht aus 2 Arten:
1) **A. flaccida Ten.** Krröhre $1^1/_2$-2mal so lang als der Saum. Pflz. hellgrün, vielstenglig, St. ästiger, feiner als an folgd., B. u. Deckb. viel länger, schlaffer, Deckb. mit längerer Stachelspitze, Bth. in grösserer Zahl. Tess., S. Giorgio, Salvadore etc.
2) **A. montana Rchb.** (A. longiflora d. Aut. nicht W. u. Kit.) Krröhre $2^1/_2$-3mal so lang als der Saum. Hat steifere derbere St., viel kürzere B. u. Deckb. Gleicht eher als vor. gewissen Formen von Cynanchica. Wall., sowohl im untern als obern, auf Hügeln nicht selten.

183. **Galium pedemontanum.** Tess., Orsolina, Cadro, Mr.

185. **G. elatum.** G. insubricum Gaud. wird irrig als Schattenform von elatum angesehen; sie ist auf der Südseite der Alp sehr verbreitet, doch sind der Unterschiede wenige. Eine „panicula depauperata" kommt ihr aber nicht zu, die Bth. sind zahlreich, reinweiss, die St. glatt, an den Gelenken wenig verdickt, die B. dünn. Bessere Unterschiede sind noch aufzusuchen!

187. **Valeriana supina.** Münsteralpen u. Val Muschems, auf Kalk, Mr.

188. **V. celtica.** Distelalp im Saasthal u. am St. Bernhard an der Grenze, Mr. — Nach Brügg soll ein Bastart von V. montana u. tripteris vorkommen(?)

189. **Knautia longifolia** (K. Godeti Reut.) Im Neuenburger- u. Berner Iura, gewiss noch anderwärts!

189. **Scabiosa graminifolia.** Lugano, S. Salvadore, Denti della Vecchia, Mr.

190. **S. suaveolens.** Zw. Basel u. St. Louis am sog. Milchsuppensträsschen, Münch.

190. **S. Columbaria.** Hieher S. patens Iord. = S. Col. pachyphylla Gaud.

190. **Adenostyles leucophylla.** Zermatt; die var hybrida

am gr. St. Bernhard u. am Albula. Nach Lagg. kommen jedoch 2 Bastarde vor, nämlich 1) A. leucophylla-albifrons (dazu wohl A. hybrida DC.), so im Orsiere Thal im Wall. 2) A. leuc.-alpina (A. Eginensis Lagg.), so im Eginenthal.

194. **Inula spiraeifolia.** Blos bei Gandria.

196. **Gnaphalium uliginosum.** Var. Fr. ganz glatt od. (b. pilulare Wahl.) mit sehr kurzen glänzenden Börstchen besetzt; ich sah nur die 2. Form aus dem Geb.

197. **G. norvegicum.** G. Hoppeanum Koch scheint eine verkürzte Hochalpenform, die sich dem supinum nähert.

197. **Artemisia glacialis.** Zermatt; aus Graub. (Bernina?) sah ich noch keine Expl.

199. **Achillea alpina.** Im Ausgange des Bedrettothals gegen Airolo zu vor mehr als 30 Iahren von Thomas gesammelt, seither nicht wieder gef.!

199. **A. tanacetifolia.** Es scheinen 2 Formen vorzukommen, Mr.

199. **A. millefolium.** Die v. setacea (A. setacea Aut. A. polyphylla Schleich.) ist wohl als gute Art zu trennen: Pflz. kleiner, mehr od. weniger wollig-zottig, B. graugrün, im Umriss stets schmal. Zpfl. zahlreicher, schmäler, gedrungen, Köpfchen viel kleiner! Sonnige Hügel im Wall.

200. **Anthemis Triumfetti.** Rovio, alpa di Melano, Generoso. Mr., Zo.

201. **Leucanthemum.** Fr. sämmtlich gleichgestaltet (bei der Gatt. Chrysanthemum *) die Fr. des Randes andersgestaltet als die der Scheibe). Hiezu als neue Art:

L. heterophyllum Aut. B. die obern lineallanzett, spitz, die untern länglvkteif., in den Stiel verschmälert, alle gleichf. gezähnt, Zähne gleichweit entfernt, nicht tief; sonst dem L. vulgare sehr ähnlich. Fr....? Tess, S. Giorgio, Favrat, M. Boglia, Mr. — Rudbeckia laciniata L (mit fiederth. B., grünlbraunen Scheiben- u gelben verlängerten Strahlbth.) aus Nordamerika auf W., an Ufern schon verwildert angetroffen. — Galinsoga parvi-

---

*) Wozu die beiden fremden gelbblüthigen Ch. segetum L. !(die eigentliche Wucherblume) u. Ch. coronarium L. (Pinardia coronaria Less. K) gehören.

flora Cav. Im I. 1854 zw. Bellinzona u. Lugano an der Strasse in einigen Expl. gef., scheint längst wieder verschwunden!

201. **Doronicum.** Tess,, Generoso, Mr.

202. **Aronicum Clusii.** Seltner als scorp. u. wie glaciale nur auf Urgebirge. - Die Koch entlehnten Merkmale von den Ha. der Köpfchenstiele sind ungenau.!

202. **Senecio aurantiacus.** Waa., Crey; Freib., Mortais; Bern, Schwabhorn; Appenz., Alpsiegel; Tess., Generoso.*)

203. **S. abrotanifolius.** Tess., Camoghé, Mr.

203. **S. uniflorus.** Seulement Saas, Simplon, Zermatt, Mr.

203. **S. incanus.** Wall., Tess., Uri, Bern.

203. **S. carniolicus.** Nur auf den östl. Centralalpen: in Graub. an vielen Stellen.

203. **S. nebrodensis.** Münsterthal, Schuols, Cernetz, Silvaplana, Mr.

206. **Cirsium.** Von Hybriden werden noch angegeben: C. lanceolatum-eriophorum (Brügg.) u. C. lanceolatum-oleraceum (Steiger nach Schultz bip.)

208. **Carduus arctioides.** Was ich dafür hielt ist wohl ein crispus-defloratus, Andre scheinen eine Form des vielgestaltigen C. defloratus dafür genommen zu haben.

208. **Lappa macrosperma.** (L. nemorosa Körnicke). Auch im C. Neubg.

209. **Saussurea (alpina) depressa.** Freibg., Wall., Bern.

210. **Centaurea austriaca.** St. aufrecht, $1^{1}/_{2}$-$2^{1}/_{2}'$ oben kurzästig, Köpfchen dick, Hülle fast schwarz od. dunkelbraun, von den fedrigen Anhängseln völlig bedeckt. Unterengadin.

210. **C. rhaetica.** St. (4-8'') schlank, meist aufsteigend, oft zahlreich. Hülle längl., am Grunde etwas verschmälert, Hüllb. weniger zahlreich, die Anhängsel die Hülle nicht ganz bedeckend (daher letztre zierlich gefleckt), kürzer, hellbräunlich. Oberhalbstein, Filisur, Schmitten etc.

---

*) S. brachychaetus DC. (Cineraria longifolia K.), welche als in Graub. wachsend angegeben wird, gehört wohl zu S. spathulaefolius. Die echte C. longif. Jacq. hat nach Neilreich einen kahlen Frkn. u. ist verschieden.

211. **C. phrygia.** Wir scheinen nicht die echte Art zu besitzen, sondern nur ästige Formen der C. nervosa.

211. **C. Iacea.** C. Gaudini Boiss. u. Reut. (C. amara Gaud.) ist gleichsam eine weiter ausgebildete C. Iacea angustifolia (C. gracilior Bor. Reut.) Die Hüllen sind dick, die Anhängsel durchscheinend-häutig, glänzend, weissl. od. hellbräunlich, rundl., convex, fein gezähnelt od. zuletzt unregelm. zerrissen. Tess., ziemlich verbreitet, z. B. Giorgio, Generoso, Ponte Brolla, Mr.

211. **C. paniculata d. Excfl.** besteht aus 3 od. 4 guten Arten:

1) **C. paniculata L.** Köpfchen sehr klein (Hülle der abgeblühten Köpfchen 3''' lg!), schmal am Grunde deutlich verschmälert, Anhängsel blassgelbbraun, seitliche Fransen wenige (3-4 jederseits), gleichfarbig, die endständige stärker u. länger als die übrigen, dornf., dadurch die Anhängsel zugespitzt erscheinend! Auffällig durch die zahlreichen kleinen Köpfchen u. die langen dünnen abstehenden Aeste. Einzig bei Nyon, C. Waa., wo sie durch die Kultur mehr u. mehr verdrängt wird.

2) **C. valesiaca Iord.** Köpfchen merklich grösser. (Hüllen $4^1/_2$-5''' lg), breiter, am Grunde abgerundet, Anhängsel blass schmutzig gelb, mit einem Paar dunklen bald mehr bald weniger deutlichen Flecken, seitl. Fransen 5-7, silberweiss, lang, endstge bedeutend kürzer! Gedrungener als vor., Aeste mehr gegipfelt. Wall., in der Ebene u. Bergregion, verbreitet.

3) **C. Mureti Iord.** Köpfchen so gross od. noch grösser als an vor., sonst ähnlich, aber Anhängsel schwärzlich, (wodurch die Hülle zierlich schwarz gefleckt erscheint!), Fleck an den Seiten herablaufend, 3eckig-pfeilf. od. hufeisenf., Seitenfransen zahlreich (7-12), schwärzl., nur gegen die Enden weissl., Endfranse nicht stärker, kurz, bisweilen undeutlich. Unterengadin bei Nairs, Mr. — Diese nach getrockn. Expl. gefertigten Beschreibungen sind zu vervollständigen, auch die Fr. sollen Unterschiede zeigen. In wie weit C. maculosa (C. rhenana Bor.?) von der letzten Art abweicht, ist mir noch nicht deutlich.

212. **C. axillaris.** Kommt in 2 weiter zu beobachtenden Formen vor. Die eine (C. seusana Vill.?) hat weniger herablaufende B.: Tess., S. Salvadore, Mr.

213. **Leontodon incanus.** Graub., Albula, Scanfs, Scarlthal

etc.; Tess., S. Salvadore, Gandria, Denti, Generoso, Mr (in letzterm Cant. die V. tenuiflorus); angebl. auch in den Urkantonen), fehlt aber dem westl. Geb.

214. **L. hispidus.** Var. hyoserioides Welw. B. tieffiedersp. kahl. So in Graub., an Felsen der Begräbnisskirche von St. Moritz, Zo. (in der Ebene kommen nur annähernde Formen vor!). V. pseudocrispus. B. ebenso, aber rauhha. So im Val Chiamuera, bei St. Moritz u. Zermatt.

214. **Picris crepoides.** Eine sehr kritische Art, womit aber doch wohl P. Villarsii Iord nicht vereinigt werden kann. — In manchen Gegenden scheint P. crepoid die gemeinere Art der Gatt. zu sein. Diese Pflz. sind weiter zu beobachten!

214. **Tragopogon major.** Wall., nicht selten; Unterengadin, Mr.

214. **T. minor.** Wird im blühenden Zustande leicht übersehen, weil sich die Bth. nur Vormittags öffnen. Während die gemeine T. orientalis eine eigentliche Wiesenpflanze ist, wächst diese mehr auf Hügeln, an Wegen, Rainen, auch in Wäldern, nicht selten übrigens auch in Gesellschaft der grossköpfigen orientalis. Die Köpfchenstiele der T. minor sind zwar unter den Hüllen kaum etwas verdickt, aber zur Frzeit schwellen sie an, zugleich vergrössern sich die Hüllen, deren äussere B. stets rosa gesäumt sind, merklich. Kr. sehr blassgelb, nur halbsolang als die Hülle, so kurz, dass die Hüllb. selbst bei völlig ausgebreiteten Kronen mit den Spitzen häufig noch zshängen. Scheint bald für T. pratensis, bald für T. major gehalten worden zu sein.*)

214. **T. pratensis.** Ich bin noch immer im Zweifel ob es ausser der vor. u. folgd. noch eine 3. Art gibt od. ob die vorliegende nicht mit unserm minor zusammenfällt.

214. **T. orientalis.** Dies ist der gemeine Habermark unserer Wiesen!

215. **Scorzonera humilis.** Im St. Gall. Rheinthal bei Sargans, Kobelwies, Montlingen, Altstätten, Balgach, Berneck, Diepoldsau, auch bei den Schwämmen am Comor. ferner im Appenz. bei Ober-

---

*) So fand ich die Pflz. auch am Hohentwiel, wo die Württembg. Fl. T. major angibt. Vielleicht sind auch die Schmidt'schen Fundorte für T. major in God. Fl du Iura auf diese Form zu beziehen.

egg u. im Naienried, Zo.; Zür., Albiskette; endlich im südwestlichsten Winkel der Schwz, im Vallée de Ioux im Iura.

218. **Sonchus palustris.** Die Wall. Pflz. soll nur eine grosse Form von arvensis sein.

219. **Crepis incarnata.** M. Salvadore, Denti della Vecchia, M r.

219. **C. jubata.** Eine der seltensten Schweizerpflanzen. Zuerst von E. Thomas im Wall. gef., seither noch an versch. andern Stellen, aber meist nur in sehr geringer Menge: Wall., Bagnethal, Zermatt; Graub., Fimberpass, Sampuoir, Alpen von Schleins, Lavirums, Casanella — von Rambert, Muret, Rehsteiner, Favrat u. A. gesammelt.

219. **C. chondrilloides** Fröl. (nicht Iacq.) = C. Iacquini Tausch. Nur in Graub., Albula, Val Chiamuera, Val del Fain, Piz Padella, Pizlate etc., Mr. Der Pappus ist weiss!! (pappus albus, mollis sagt auch Gaud.), die B. fiedersp. mit linealen meist gekrümmten Zpfl., die Hülle schwarzzottig.

220. **Soyeria hyoseridifolia.** Brienzergrat, Christ; Freibg., am Fusse der Kaiseregg gegen Gutmannshaus, Lagg. Häufig in den C. Graub., Glarus, St. Gall. — C. Iaquini-hyoseridifolia u. C. alpestris-blattarioides bedürfen wohl noch der Bestätigung!

228. **Hieracium pratense.** Sicher blos im St. Gall. Rheinthal (bei Altstätten, Leuching, Zo.); von hier auf der Nordseite des Bodensee's über Bregenz, Lindau, Markdorf bis Constanz (auf dem Heidelmoos u auf den Torfwiesen am Tabor.)

228. **H. alpicola.** Bisher nur: Saasthal (Fee á l'alpe Gall, Favrat), Simplon u. Leukerbad.

228. **H. praealtum.** Hieher ziehe ich nach Expl. H. collinum Rap.: die mehr trugdoldige Inflorescenz, die stärker beha. Hüllen u. höher beblätterten St. nähern es dem H. cymosum: H. Zizianum Tausch?

228. **H. cymosum.** St. Gall., Altstätten, Sennwald, Zo. Blüht schon Mitte Mai, wenigstens 2 Wochen früher als das danebenstehende praealtum. Drüsenha. ziemlich reichlich an den Hüllen. Liegende Ausläufer sah ich nie!

230. **H. speciosum.** Appenz, Brülltobel, Zo.

231. **H. glaucum.** Hr. Pfr. Zollikofer unterscheidet 3 Formen:

a. angustifolium. $^1/_2$-1' meist 2-4 köpfig; Grundb. höchstens 3''' br. Stengelb. wenige, klein, nach der Basis verschmälert. Dies die gewöhnliche Form, z. B. St. Moritz, Pfeffers, Gonzen, Brülltobel. — b. latifolium. Höher (2'), schon von unten an ästig, viel- (bis 17-) köpfig; Grundb. bis 5''' br. So z. B. am Klönthalersee. — c. bupleuroides Gmel. Fast wie a., aber Stengelb. zahlreicher, grösser, gegen die Basis verbreitert u. am St. fast kapuzenf. anschliessend, so dass sie denen von Bupleurum ranunculoides gleichen. So: Pfeffers, Escher (Appenz.), Nettstall, Zo.

231. **H. lanatum.** Auch im C. Neubg.

233. **H. pseudoporrectum.** Ein einziges Exemplar aus den Appenzeller Alpen, Zo.

234. **H. gothicum.** Zwischenformen von goth. u. tridentatum bei Eggerstanden C. App., Zo.

235. **H. boreale.** Zwischenformen von boreale u. umbellatum bei Berneck u. Montlingen, Zo.

235. **H. umbellatum.** Hieher H. monticola Iord.

Neue Arten sind:

1) **H. rupicolum Fr.** (H. bifidum K.) Im untern u. mittlern Wall., Lagg., Christener. Ist aber schwer von Schmidtii zu trennen!

2) **H. corymbosum Fr.** Ist nach Tissière von Lagg. u. Delasoie bei Bovernier im Bagnethal entdeckt worden. Findet sich nach Fr. selbst auf dem benachbarten Feldberg im Grossh. Baden, wo auch das echte H. rigidum Hartm. vorkommt.

3) **H. brevifolium Tausch.** Wall., Lavey sur le chemin du Morcles, Muret, Christener. — Den Bastard H. Pilosella-praealtum fand ich 1869 bei Wilchingen C. Schaffh. unter den Eltern!

236. **Phyteuma comosum.** Auf den Bergen am Comersee; aus dem Tess. ist mir kein sicherer Fundort bekannt geworden!

237. **Ph. humile.** Zermatt; Bernina, Val del Fain.

237. **Ph. scorzonerifolium.** Die echte Art, eine stattliche Pflz. mit $1^1/_2$-$2^1/_2$' hoch. St., 2'' lg. Aehre u. ganz kahlen B., nur in der transalpinen Schw.: Tess., trans Cenere, S. Salvadore, Rovio, Generoso, Mr.

237. **Ph. spicatum.** Das sehr nahe verwandte Ph. nigrum Schmidt (wie spic., aber B. fast einfach gezähnt u. Bth. violett) wird in Graub. u. Tess. angegeben; man hat aber wohl blaublüthige Formen von spic. od. Formen von betonicaefolium dafür genommen.

237. **Campanula excisa.** Saasthal, Simplon, Binnthal, Furca di Bosco. — Ein Bastard von C. rhomboidalis u. Scheuchzeri nach Brügg. — C. pennina Reut. (am gr. St. Bernhard) ist mir unbekannt.

242. **Pyrola media.** St. Gall., Grünensteiner Wald bei Balgach, Zo.; Graub., St. Moritz, Zo.; Salève; Bern an versch. Stellen, Fischer. — P. umbellata L. soll bei Andelfingen gef. worden sein (??)

243. **Jasminum officinale.** Auf dem Gemäuer der Ruine Misox, Zo.

245. **Gentiana alpina.** Selten: Wall., Alesse, Fouly, M[r.; Tess., auf der Spitze des M. Camoghè, Mr. wohl noch anderwärts, aber mit G. excisa (G. Kochiana Perr. u. Song.) verwechselt.

246. **G. verna.** Hieher G. aestiva R. u. Schult., eine grossblüthige Form der südl. Voralpen.

246. **G. obtusifolia.** Oestl. Alpenkette, bes. in Graub., Uri, seltner westl. vom Gotthard, z. B. im Wall. bei Zermatt, Bern unter dem Grimselhospitz, kaum unter 5000'. Wird jedoch angegeben in der Ebene bei Stockach (Döll) u. auf dem Bodenseeried. — G. ramulosa Tiss. (auf dem Simplon) mag ein Bastard sein.

248. **Echinospermum deflexum.** Granitalpen; Wall., Bagnethal, Visperthal (Zermatt, Saas); Graub., Engadin, Mr.; Bern, am Giessbach, Schläfli.

249. **Symphytum bulbosum.** Ie ne l'ai jamais trouvé que dans les vergers de Locarno, tandis que le S. tuberosum est très-repandu dans le Tessin, surtout trans Cenere, Mr.

249. **Onosma stellulatum.** (O. montanum Gaud.) Im Wall. ziemlich verbreitet. Wohl zu unterscheiden ist

O. **vaudense m.** (O. echioides Gaud. O. arenarium Rchb.) Ha. der B. auf kahlen Knötchen stehend; Staubk. halb so lang als der Staubf. (bei echioides fast so lang, bei arenarium noch einmal so lang). Waa., le Tombey entre Aigle et Ollon (einziger Fundort in der Schwz), Mr.

250. **Echium italicum.** In neurer Zeit nicht mehr im Wall. gefunden.

256. **Pulmonaria azurea.** Graub., ob St. Moritz, Albula, Val Fex etc.; Tess., Generoso, M. Boglia, Mr.

259. **Veronica prostrata.** Echt sah ich sie nur aus dem Wall. u. aus dem benachbarten (bad.) Höhgau.

260. **V. opaca.** Soll bei Winterthur (Huguenin) wachsen.

262. **Pedicularis fasciculata.** Generoso, M. Boglia, Denti della Vecchia, Mr.

263. **P. Jaquini.** Selten u. nur in dem an Tirol grenzenden Theil von Graub.

263. **P. asplenifolia.** Ebenfalls nur im östl. Graub. Seulement sur la chaine, qui sépare le Samnaum du Sampuoir: où elle a été trouvé par M. Lereschè le premier en Jul. 1850; Mr.

264. **Alectorolophus angustifolius.** B. aus lanzettem Grunde lineal. A. alpinus Baumg. wird unterschieden: stets klein, B. breit, Bth. grösser mit längerer Krröhre u. minder tief eingeschnittenen Deckb.: auch in höhern Regionen früherblühend. Ist aber nicht immer leicht zu trennen, wie anderseits die Art mit Vorsicht von schmalblättrigen Formen des A. major zu unterscheiden ist*)

265. **Euphrasia officinalis.** In mehr Arten gespalten (E. campestris Iord., E. montana Iord., E. nitidula Reut., E. majalis Iord. etc.), welche weitere Beachtung verdienen. Eine gute Art scheint:

E. hirtella Jord. Bthständige B. u. K. mit eingemischten Drüsenha.: St. steif, einfach od. mit einigen aufrechten Aesten, nebst den B. mit abstehenden ungleich langen undeutlich gegliederten Ha. bekleidet: B. breit, die untern mit stumpfen-, die obern mit spitzen Zähnen; Kr. klein. Alp., Waa., Alpen von Bex, Mr.; Freibg, Ouhanna v. Gross Liery, Lagg., gewiss noch anderwärts!

265. **E. viscosa.** Nur zw. Varen u. dem Leukerbade u. au bois de Finges.

---

*) Letztre angegeben in d. C. Schadh. u. Appenz

266. **Orobanche.** O. pallidiflora W. u. Gr. soll in Graub. vorkommen.

269. **Mentha Pulegium.** Genf; Waa.?; Tess., Bellinzona, Magadino etc., Mr.

269. **M. sativa.** M. gentilis L. unterscheidet sich davon: B. kürzer gestielt, die quirlständigen - auch die untern - sitzend (bei sativa wenigstens die meisten deutlich gestielt), Scheinquirle dicht, sitzend (bei sativa gestielt, lockerer), K. krausha. Scheint meist kleinbthg u. mit eingeschlossenen Staubb. vorzukommen. Genf, Waa., Wall., angeblich auch am Zürchersee. — Koch unterscheidet diese Art von sativa einzig durch vorwärts gerichtete Blattzähne, die bei Sativa auswärts stehen sollen (ich finde hierin keinen Unterschied!).* Nach Wirtgen hat die M. gentilis innen kahle (sativa beha.) Krröhre. Rapin unterscheidet sie: „par sesatiges et feuilles vertes, peu poilues et en outre par son parfum agréable, qui lui a valu l'honneur de la culture dans les jardins des villages". — Von Hybriden führt Reuter noch an: M. sylvestris-rotundifolia u. M. arvensis-Pulegium.

272. **Micromeria.** Findet sich seit einigen Jahren nicht mehr bei Gandria, Mr. (1868)

272. **Calamintha Nepeta.** Die echte Art, auffallend durch fast zottigbeha. St., kleine grauha. B. u. dichte meist vielbthge Scheinquirle, nur jenseits der Alpen, im Tess., Veltlin u. Aostathal. — C. nepetoides Jord. nähert sich mehr der officinalis (unterschieden von dieser: B. kleiner, undeutlicher gezähnt, Bth. kleiner, blasser, die obern Kzähne breiter, kürzer) u. ist nicht selten in den C. Waa., Wall, Freibg, wohl auch noch a. a. O.

273. **Horminium.** Tess., Denti della Vechia, San Lucio; Graub., Valzerjoch etc.

274. **Dracocephalum austriacum.** Ardetz im Unterengadin von Coatz entdeckt (von Muret 1868 u. 69 gesammelt!) im Wall. nicht mehr!

276. **Galeopsis Tetrahit.** Hieher G. praecox Iord. u. G. Reichenbachii Reut.

276. **G. bifida.** Angegeben bei Galgenen (C. Schwyz) u. bei St. Gallen.

276. **Stachys sylvatica.** Ein Bastard mit alpina hat Brügg. beobachtet.

277. **Betonica Alopecurus.** Tess., M. Calbege; Bern, ob Gimmelwald im Lauterbrunnenthal, in einer kahlen und grossen Form, von Pharm. Schneider von Basel gef. u. mir frisch zugebracht, Christ.

280. **Utricularia intermedia.** Soloth. am Aeschisee, Christener; ferner angegeben im C. Neubg., bei Dübendorf u. im Bodenseeried bei Rheineck.

280. **U. vulgaris.** U. neglecta Lehm. (wie vulg. aber Oberlippe 2-3 mal so lang als der Gaumen) soll bei Dübendorf (Hegetschw.) u. im C Neubg (God.) vorkommen.

281. **Trientalis.** Graub., alp Nova Bernina, Boseggthal, Mr.

281. **Lysimachia thyrsiflora.** Im Fuchsloch bei Rheineck, Zo. Mehr in der mittl. Schwz, sehr selten in der westl. — L. Ephemerum L. wurde an einer Stelle im C. Waa. (la Baye de Clarens, Papon) seit 5 od. 6 Jahren beobachtet, Mr.

283. **Androsace.** A. Charpentieri Heer ist nach Brügg. eine Hybride von glacialis (flos) u. obtusifolia (fol.); sie findet sich auf der felsigen Spitze des M. Camoghé u. „sur le sommet de la Garzirola, montagne voisine", Mr. — A. helvetica-pubescens wurde im C. Waa (rochers de l'arrête de Javernaz alp. de Bex, Mr.) gef.

283. **Primula longiflora.** Wall., Zermatt, Saas, Binn; Tess., Compologno, Mr.; Graub., Maria Sils, Mr.

284. **P. latifolia.** Im Engadin sehr verbreitet; nicht im Wall. selbst, aber auf der Südseite des M. rosa.

284. **P. glutinosa.** Einzig im untern Engadin; Val d'Assa, Piz late u. Wormserjoch, Mr.

285. **Cortusa.** Bei Fettan, Tarasp, Val Muranza, Piz late, Samnaun, Mr.

285. **Samolus.** Waa., Abbaye de Salaz, plaine du Rhone, dernière localité en Suisse, que la culture va prochainement détruire, Mr.

289. **Chenopodium opulifolium.** Thurg., Kreuzlingen einmal! Wall., Branson, Rap., im Visperthal, Mr.

290. **Ch. ficifolium.** Constanz, Döll; Aarg., Küttigen, Jäggi; Wall., Bouveret, Mr.; Sargans?

290. **Blitum virgatum.** Wall., Leuk, Annivier; Graub., Unterengadin, Ofen, Ardetz, Remus, Cernetz etc., durchaus wildwachsend; dagegen kommt die andere Art nur in Gärten u. auf Schutt verschleppt vor (Muret).

293. **Rumex aquaticus.** Neubg, Schaffh., Zür. (Stäfa am See, Heg.)

296. **Daphne Cneorum.** Tess., S. Salvadore, Mr.

296. **Thesium montanum.** Aarg., Geisberg, God.: Soloth., Roggenfluh bei Oensingen, Jäggi; Zür., Irchel.

296. **Th. intermedium.** Genf, bois des frères! Wall., zw. Saxon u. Charat, Rap.; Tess., S. Giorgio, Mr.; Schaffh., Wolfsbuck, Mr.; Soloth., Roggenfluh, Jäggi. Nicht mit pratense zu verwechseln!

297. **Th. alpinum.** Verbr. d. d. ganze Alpenkette u. den Jura; die Thalform mit 1' hohen fast aufrechten St. u. ästigem Bthstand, wurde irrthümlich für Th. tenuifolium Saut. gehalten.

297. **Aristolochia rotunda.** Selten: um Lugano, Mr.

298. **Euphorbia dulcis.** Ich fand nur die Form mit kahlen Fr. E. alpigena Kerner ist der Beschreibung nach kaum verschieden.

298. **E. Cyparissias.** E. virgata W. u. Kit. (wie Cypar., aber B. lineallanzett, die aststängigen gleichgestaltet, nicht lineal) soll am Hüttensee C. Zür. von Eggler gef. worden sein.

301. **Quercus Cerris.** Alpa di Melano, Mr.

301. **Q. sessiliflora.** Verschiedene der pubescens nahe stehende Mittelformen finden sich im Wangenthal C. Schaffh.

302. **Alnus viridis.** Hieher auch A. brembana Rota, von Muret à l'Alpa Traorno pied du Camoghé gef.; nach Dr. Alioth wäre es eine krankhafte Form, die schon von Heer erwähnt wird.

303. **Salix.** Von hybriden Formen werden noch angegeben: S. triandra-viminalis (Forbes), hastata-Lapponum (Brügg.) arbuscula-nigricans (Brügg.) hastata-reticulata (Brügg.) Andre bedürfen noch der Bestätigung.

307. **Vallisneria.** Lugano, Agno, Mr.

308. **Butomus.** Michelfelden, Münch (brieff. 1868).

310. **Potamogeton rufescens.** Bes. in höher gelegenen Gegenden, z. B. Melchsee C. Unterw., Christ.

311. **Najas major.** Basel, Michelfelden, Münch; Tess., lac majeur, Minuso, Mr.; Schwyz, Aarg., Zür.

311. **N. minor.** Genfersee bei Nyon, Versoix etc.; Basel bei Michelfelden, Münch.

312. **Typha minima.** Hieher als Herbstform T. gracilis Iord. (B. des bthtragenden St. länger als der St., Fruchtähren walzl.

313. **Calla.** Dans un petite tourbière au milieu d'un bois entre Meggen et Adliggenschwyl 1863; en très petite quantité près de Sempach, Mr.

314. **Orchis tridentata.** Tess., in der Ebene verbreitet, z. B. bei Melano, Mr. (auch O. militaris kommt im Tess. vor).

315. **O. pallens.** Wall., Waa., Tess., Bern, Uri, Schaffh. etc. Riecht stark nach Holunder (Sambucus), während folgde nur schwach u. nicht anders riecht als die meisten Orchis-Arten; daher beide Pflz. schon mehrfach verwechselt worden sind.

315. **O. sambucina.** Seltner als vor., z. B. Wall., Waa. (Chateau d'Oex, Branson, Dôle im Jura).

316. **O. Traunsteineri.** Waa.; Zür., Uetliberg, Mr.; Schwyz, Einsiedeln, Brügg. — Von Hybriden erwähne ich noch O. incarnata-palustris (Haussknecht) u. mascula-pallens (Brügg.)

318. **Serapias.** Zw. Melide u. Marcote, Ponte Brolla, Bryone, Cugnasco, Ascona, Bogno etc., Mr.

320. **Malaxis paludosa.** Im Studenmoos bei Einsiedeln zuerst (1848) von Muret entdeckt.

321. **Iris graminea.** St. Giorgio, von Franzoni entdeckt. Generoso, Mr.

322. **Asparagus officinalis.** Das obere Glied des Bthstiels halb so lang als das Pg. Staubk. fast so lang als d. Staubf. B. zu 3-6. Fr. erbsengross. — Neu ist:

A. tenuifolius Lam. Das obere Glied des Bthstiels sehr kurz, vielmal kürzer als das Pg.; Staubk. viel kürzer als der Staubf.; B. zu 12-25, haarf.; Fr. von der Grösse einer Kirsche. Tess., am Fusse des M. Generoso, S. Giorgio, Bré, Mr.!

324. **Lilium bulbiferum** besteht aus 2 Arten:

1) **L. bulbiferum.** St. oberwärts flockig-beha.: Bwinkel zwiebeltragend. Nur in Graub.
2) **L. croceum Chaix.** St. kahl, Bwinkel ohne Zwiebelchen. Ist viel verbreiteter als vor., bes. in den Waldstättekantonen, dann im C. Tess., Neubg, Wall. (nach Muret).

326. **Allium rotundum.** Bei Siblingen von Muret wieder aufgef. u. mir Iuli 1869 lebend überbracht. Ich sah ferner Expl. die bei Neunkirch gesammelt wurden. Sodann bei Viège (Wall.), u. Pruntrut angegeben.

329. **Muscari neglectum.** Winterthur, Rambert. Eine kritische Art!

329. **Veratrum nigrum.** M. San Giorgio, Mr.

331. **Juncus supinus.** Villeneuve, Rap. Basel im benachbarten Wiesenthal, Christ: Constanz, Leiner: Einsiedeln, Mr.

332. **J. trifidus.** Davon ist kaum als Art zu trennen: I. Hostii Tausch. Oberste od. die 2 obersten Scheiden der Grundb. des blühenden St. in ein B. ausgehend, welches wenigstens halb so lang ist als der St. (bei trifid. ist dieses B. sehr kurz) Appenz., Borenstein, Sentis, Mr.; auch in Graub. u. Schwyz angegeben. Soll nur auf Kalk wachsen.

332. **J. castaneus.** Seulement à l'alpa Nova Val Grenda Oberland Grisons, où E. Thomas l'a decouvert le premier, Mr.

332. **J. Gerardi.** Graub., Heinzenberg, Brügg. Setze statt „Zug": Uri in der Waldnacht.

332. **J. Tenageia.** Tess., M. Cenere, auch in der Ebene bei Magadino etc., Mr.

334. **Cyperus longus.** Unterw., in einer nassen Wiese bei Wyler westl. Ufer des Sarnersee's, Christ.

335. **Rhynchospora fusca..** Tess, Ascona, M. Cenere, Mr.

336. **Scirpus parvulus.** Bei Urtenen ausgegangen, Fischer.

337. **Fimbristylis.** Tess., marais entre Gordola et Cugnasco, Mr.

340. **Carex. baldensis.** Berge am Comersee; im Tess. selbst wenigstens von Muret u. Zollikofer nie gesehen.

341. **C. Schreberi.** Von neuern Beobachtern weder bei Basel (Alioth, Münch) noch im Tess. (Muret, Zollikofer) gefunden.

344. **C. Buxbaumii.** Waa., Orbe: Bern, Belpmoos; Graub.,

St. Moritz; Aarg., Schöftland, Wieland; Zür. am Pfäffikersee, Hirzel, am Greifensee, Rambert; Thurg., an den See'n von Hüttwylen, Apoth. Fr. Brunner.

344. **C. Vahlii.** Albula, Beverserthal, St. Moritz, Piz Languard etc., Mr.

347. **C. strigosa.** Bei Laufenburg: „sur la route de Laufenbourg à Leibstadt à 35 min. de Lauf. au bord d'un très petit ruisseau à cinquante pas à droite de la route dans le bois" (Capuzinerbrunnen), Muret, der mir diese seltene u. viel verwechselte Pflz. lebend überbrachte! Bei Schöftland ist sie durch Cultur verdrängt worden. An allen andern Stellen kommt nach Alioth, Christ, Muret blos C. sylvatica vor, welche sich leicht durch den langen an der Spitze tief 2 sp. Frschnabel unterscheiden lässt.

347. **C. ustulata.** Wall., Vallée de Bagnes, Val d'Herens, Récu; Bern, Rawyl, Mr.

349. **C. hispidula.** Wall., Zermatt, Bagnethal? Graub., Canciano, Brügg. Dr. Lagger bestreitet die Hybridität der C. Laggeri Wimm. entschieden „Die C. lagopina steht schon in Frucht, wenn Laggeri noch nicht einmal blüht*), ihre Bthzeit ist so spät, dass sie blos in sehr warmen Iahren gegen Ende Sept. zur Frreife kommt. An der Stelle, wo ich sie zum ersten Male sah, kommt sie zu Tausenden vor." — Brügg. will am M. Cenere Bastarde von C. punctata mit C. pallescens, flava u. Oederi gef. haben.

352. **Hierochloa borealis.** Wuchs auf einer Limmatinsel $^1/_2$ Stunde unter Zürich in Menge, ist aber wieder verschwunden; dagegen soll sie von Eggler beim Torfgrund hinter Einsiedeln entdeckt worden sein.**)

357. **Aira praecox.** In neurer Zeit nicht wieder aufgefunden od. blos der Kleinheit wegen übersehen.

358. **Trisetum Gaudinianum.** Montorge, Sitten u. St. Leonhard, Mr., Favrat.

359. **Danthonia provincialis.** Cassina di Meride et de là au sommet du M. S. Giorgio. Einziger Fundort in der Schwz.

---

*) Dies ist kein Beweis gegen die Hybridität! Der Bastart Rubus tomentosus caesius blüht fast allgemein viel früher als die eine Stammart (tomentosus); wenn nur die beiden Stammarten zu gleicher Zeit ihre Bth. entfalten!

**) Expl. seither von Muret erhalten!

359. **Eragrostis pilosa.** Z. B. Unterw., Pflaster des Rathhausplatzes in Sarnen, Christ: Basel an der Wiese, Münch.

363. **Festuca Lachenalii.** Z. B. Tess., Locarno, Taverne etc. Mr; Aarg., Schöftland.

365. **F. heterophylla.** Kohlfirst bei Schaffh., Mr.; Constanz in dem an das Heidelmoos grenzenden Wäldchen (bad. Seite)! wird oft mit Schattenformen von rubra verwechselt u. ist jedenfalls nicht allgemein verbreitet! („In Helvetia vix nisi Basilea in der Hard visa" sagt Gaud. syn. fl. helv. ed. Monn.

367. **Bromus commutatus.** Eine kritische, oft verkannte Pflz.! Rispe überhängend wie bei secalinus, aber untere Bscheiden dichtha., Bth. zur Frzeit nicht von einander entfernt, obere Spelze deutlich kürzer als die untere! (bei secal u. grossus sind die untern Bscheiden ganz kahl od. höchstens mit einigen langen Ha., die Bth. zur Frzeit von einander entfernt, indem sich die Spelzen am Rande einrollen u. die untere Spelze genau so lang als die obere!) Schaffh., zw. Unterhallau u. Wilchingen auf einer Kiesgrube mit mollis u. secalinus, 2 grosse Büsche!

368. **B. patulus.** Ebenfalls häufig mit B. arvensis verwechselt. Rispenäste kürzer als an dieser, mit dem obern Theil des St. nach dem Verblühen einseitig überhängend; obere Spelze merklich kürzer als die untere (bei arvensis ist die Rispe an normal entwickelten Expl. sehr gross, aufrecht, mit nach allen Seiten ausgebreiteten verlängerten Aesten, zuletzt die Spitze des St. etwas geneigt; obere Spelze so lang als die untere. Sonst sind auch bei B. arvensis die Grannen nach der Blüthe etwas auswärts gebogen). Z. B Aarg., Bremgarten, Mr.

368. **B. inermis.** Schaffh., Schleitheim; Aarg., Rheinfelden, Münch, Mr.: Orbe? — B. maximus Desf. wurde nach Tissière von Haussknecht im C. Waa. (Eisenbahn zw. Montreux u. Chillon) gef., ohne Zweifel verschleppt! — Ebenso wurde Aegilops ovata L. schon auf Luzerncäckern beobachtet.

374. **Isoetes lacustris.** Locarno im See, Franzoni.

379. **Gymnogramme.** An einer Mauer bei Cavigliano, Franzoni Häufig um Chiavenna, Towsend.

384. **Woodsia.** Var. a. arvonica (W. hyperborea R. Br.?) Abschnitte 2. Ord. jederseits 2, höchstens 3, etwas enfernt von

einander. So im Engadin. Au près Bevers dans de petits rochers au sud-ouest de l'auberge, rive droite de l'Inn, Favrat. — b. rufidula (W. ilvensis R. Br.?) Abschnitte 2. O. jed. 4-6, genähert oder mit den Rändern sich deckend. Engadin, St. Moritz. Favrat. — Als neue Gatt. ist einzuschalten:

Onoclea, Straussfeder (S. 63. 5: B. 1fach fiedersp. mit fiedersp. sterilen Abschnitten).

O. Struthiopteris. B. kurz gestielt, die unfruchtbaren im Umriss länglanzett, nach dem Grunde verschmälert, fiederschnittig, Abschnitte lanzett, zugespitzt, fiedersp; fruchttrag. in der Mitte des Büschels, viel kürzer, sehr dick u. steif, fiederschnittig, Abschn. ungeth., halbstielrund, der zurückgerollten Ränder wegen gekerbt. Unfruchtbare B. gleichen dem Asp. montanum, sind aber grösser u. drüsenlos u. bes. durch die einfachen (nicht gegabelten) Seitennerven der Zpfl. zu unterscheiden. — Tess., unweit Bellinzona u. am Fusse des M. Generoso, Mr.

Nachtrag.

Zur Flora von Bern. Von Hr. Prof. Fischer.

Draba muralis bei Bern. Sedum Fabaria h. in Wäldern bei Radelfingen. Hieracium suecicum Wengernalp. H. bernense Rosenlaui (Brunner). Utricularia interm. u. Potamogeton plant. im Belpmoos. Festuca pseudomyurus u. sciuroides bei Münchenbuchsee. Pinus montana Längenberg auf einem Torfmoor bei Zimmerwald. Calamintha nepetoides bei Interlaken. Polygonum alpinum bei Guttannen. — Saxifraga stenopetala wächst nicht auf dem Faulhorn (Christener!)

Neue Hieracien. Von Hr. Christener.

1) **H. glaciale-pilosellaeforme.** Bth. rothgestreift, Hülle z. Th. fast wie bei pil., nur kleiner, B. etwa die Mitte haltend. Pflz. 1-3köpfig, mit meist kurzen dicken Ausläufern. Weissenstein auf Albula, Chr.

2) **H. cydoniaefolium-valdepilosum.** B. von vald, Köpfchen von cydon. Fr. Ep. Sils Maria im Engadin 1 Expl. Shuttl.

3) **H. furcato-incanum Lagg.** Distel im Eginenthal sehr selten zw. den Eltern.

4) **H. aurantiacum v. microcephalum Lagg.** mit kleineren Köpfchen u. gebänderten Bth Steht dem H. Blyttianum Fr. nahe. Wall., Eginenthal, Lagg. Lavanchy alp de Bex, Chr.

5) **H. corymbosum.** Beitr. S. 82 ist noch?

6) **H. Delasoïci Lagg.** ist das H. glaucopsis Chr., welches Gren. nicht mehr für seine Art zu halten scheint.

Folgen noch 3 unbeschriebene Arten aus der Gruppe Rupicola (Adenophylla), deren Beschreibungen aber noch nach lebenden Expl. zu verbessern u. vervollständigen sind!

7) **H. Cotteti God.** (Siehe God. fl. jur. suppl. 124). St. meist, oft schon von unten an, ästig, 1blättrig, oberwärts flaumha., 2köpfig od. mit 1-3köpfigen Aesten. B. am Rande drüsenha., die untern gestielt, am Grunde unregelm. tief- u. grobgezähnt od. fast fiedersp., Zähne oft noch am Bstiel herablaufend, die obern schmallineal, lang ganzrandig. Hülle mit grauen u. drüsentragenden Ha. Hüllb. stumpf, bes. die äusseren Zähne der Kr. kahl. Gr. bräunl. Steht fast zw. Iaquini u. murorum, ob hybrid? Iuli. Bei Montbovon, Cottet. Stockhornkette, Chr.

8) **H. adenophyllum Scheele.** St. aufsteigend, 1-2 blättrig, mit langen gebogenen 1-2köpfigen Aesten. B. gestielt, breitlanzett, fast ganzrandig, am Grunde seicht gezähnt. Köpfchen, Hülle, Hüllb., Ueberzug etc. wie bei Jacquini. Juli. Rochers de Bonnoudon bei Montbovon, Cottet.

9) **H. Godeti Christener.** (H. humile v. petrophilum God. fl. jur. suppl. 124). Aehnlich der vor., aber St. 4-5 blättrig u. nur 1-3 köpfig. Köpfchenstiele ebenfalls lang u. gebogen. B. schmallanzett, unregelm. gezähnt, die untern gestielt, die obern sitzend, die obersten ganzrandig. Köpfchen, Hüllen, Ueberzug fast wie bei Jacquini. Manche Expl. erinnern etwas an scorzoneraefolium, doch ist wohl zu bezweifeln, dass die Pflz. ein Bastard von diesem u. Jacq. sei, wie Godet vermuthet. Aug. Creux du Van, God.

Verschiedenes.

1) **Sagina nivalis Fr.** (forma laxa). St. Bernhard à la Pierraz von Metroz entdeckt, Lagg. i. Br. Scheint sich von Linnaei durch kurze straffe Bthstiele, von subulata durch kahle B. zu unterscheiden. Bth. 5zählig. Krb. so lang als K. Ich sah diese gar nicht u. von S. glabra nur ein unvollständiges Expl.

2) **Stellaria uliginosa.** Hieher St. glacialis Lagg. nach Expl!

3) **Melilotus parviflora Desf.** Bth. gelb, sehr klein, Flügel so lang als Schiffchen, Fr. kuglig, kahl. Unter Luzerne bei Genf beobachtet.

4) **Rubus fruticosus.** R. fastigiatus Bayer ist der Beschreibung nach eine Form von frut. u. nicht suberectus. Sie soll sich unterscheiden: Staubb. länger als die Gr. (bei frut. kürzer od. höchstens so lang); dann sollen die B. länger gespitzt sein. Aehn-

lich unterscheidet Genevier sein R. fastig. Vielleicht gehört auch m. Schaffh. Pflz. zu dieser Form.

5) **Alchemilla pentaphyllea.** A. cuneata Gaud. soll eine zottigbeha. Form sein u. am gr. St. Bernhard (près des Lacs de Ferrex au col Fenêtre, Metroz) vorkommen.

6) **Bupleurum graminifolium** soll nach Rhiner's Tab. Fl. wirklich im C. Tess vorkommen (wo?)

7) **Senecio erraticus Bertol.** (wie aquat. aber Endlappen der Grundb. sehr gross, herzeif., Seitenlappen fast rechtwinklig abstehend — bei aq. stark vorwärts gerichtet) soll unweit Genf (bei Gex, Michalet) vorkommen.

8) **Centaurea nervosa.** Var. Thomasiana m. (C. ambigua Thom.! C. phrygia adscendens Moritzi? C. Ferdinandi Gren.?) kleiner, grauha., St aufsteigend, bisw. 2köpfig. Saas, Almogel, Mr.

9) **C. nigra.** Kommt vor 1) C. nigra. St. meist 1köpfig, Köpfchen fast kuglig, Tracht von Iacea; z. B. Iura, Vittiaux. — 2) C. nemoralis Iord. St. ästig, Aeste schlanker, B. schmäler, Köpfchen eif., Hüllb. schmäler, blüht später; z. B. Genf in der Ebene, bois des frères (nach Muret u. Gren.)

10) **Pulmonaria mollis.** Auch im C. Aarg. u. um Bern; bisher mit angustif. verwechselt, deren Verbreitung daher zu sichern!

11) **Pedicularis Haquetii.** Was ich aus dem Tess. unter diesem Namen erhielt, kann ich nicht von foliosa unterscheiden; die echte hat kahle Kronoberlippe u. über halbfusslange Aehre.

12) **Salix repens.** Die v. rosmarinifolia K. (B. lineal, Frkätzchen fast kuglig) sah ich aus dem Geb. nur in annähernden Formen. S. angustifolia K., welche viel grössere mehr lanzette B. u. längere mehr cylindrische Kätzchen hat, ist ein Bastard von repens u. viminalis, der bei uns noch nicht gefunden worden ist; ich besitze ihn von Bremen durch Dr. Focke.

13) **Carex ornithopodioides Hausm.** ist für das Geb. noch zweifelhaft. Muret hat im Tess. an dem von Franzoni angegebenen Orte nur ornithopoda gef.; auch am Anzeindaz ob Bex fanden die Hr. Christener u. Favrat nur eine annähernde Form. Dagegen wächst die echte Pflz., welche dunkelbraune

Bälge mit grünem Rückenstreif u. ganz kahle, grünliche Fr. besitzt nach v. Hausm selbst am Wormserjoch.

14) **Calamagrostis stricta.** Auch an der Westgrenze, bei Pontarlier, Gren.

Abkürz.: Mr. = Muret. — Zo = Zollikofer. — In Exc0. ist zu setzen S. 259 Z. 7 v. u. 12 statt 19. S. 306 Z. 10 v. o. gleichzeitig st. beiderseits. S. 15 Z 17 v. o. 5 st. 6.